oekom

natürlich oekom!

Mit diesem Buch halten Sie ein echtes Stück Nachhaltigkeit in den Händen. Durch Ihren Kauf unterstützen Sie eine Produktion mit hohen ökologischen Ansprüchen:

- 100 % Recyclingpapier (Blauer-Engel-zertifiziert)
- mineralölfreie Druckfarben
- Verzicht auf Plastikfolie
- Kompensation aller klimaschädigenden Emissionen
- kurze Transportwege – in Deutschland gedruckt

Weitere Informationen finden Sie unter www.natürlich-oekom.de und #natürlichoekom.

SARINA ALBECK

Bäume für Borneo

Wie Aufforstung die
indigene Bevölkerung schützt und den
Klimawandel bekämpft

fairventures worldwide

Mit freundlicher Unterstützung von:

Brot für die Welt

Klimaneutral Verlag
ClimatePartner.com/53585-1805-1001

Bibliografische Information der Deutschen Nationalbibliothek:
Die Deutsche Nationalbibliothek verzeichnet diese Publikation in der Deutschen Nationalbibliografie; detaillierte bibliografische Daten sind im Internet über http://dnb.d-nb.de abrufbar.

oekom verlag, Gesellschaft für ökologische Kommunikation mbH
Waltherstraße 29, 80337 München

Satz und Layout: Sarah Schneider, oekom verlag
Korrektorat: Maike Specht, Berlin
Lektorat: Boris Heczko, Berlin
Druck: Friedrich Pustet GmbH & Co. KG

Printed in Germany
ISBN 978-3-96238-172-1

FSC www.fsc.org
RECYCLED
Aus Recyclingmaterial
FSC® C014889

Inhalt

Kapitel 1
Warum dieses Buch?

Ich wollte wissen, wie es wirklich ist.

Bevor ich mit der Recherche für dieses Buch angefangen habe, war ich noch nie im Regenwald. Auch die meisten Leute, die dieses Buch lesen, waren vermutlich nie dort. Warum also interessieren wir uns so für diesen weit entfernten Wald, obwohl es doch auch bei uns zu Hause wunderbare Wälder gibt, für die wir erst seit Kurzem wieder etwas übrighaben? Sind es die Abenteuergeschichten aus der Kolonialzeit, die in unserem kollektiven Gedächtnis verhaftet sind? Vielleicht, aber seitdem ist viel Zeit vergangen, und die Geschichten haben Staub angesetzt. Ist es ganz allgemein unser Interesse an dem Fremden? Aber warum interessieren wir uns nicht im gleichen Maß für die Wüsten dieser Erde? Oder ist es unsere Furcht vor dem Klimawandel?

Wir wissen: Wälder sind wichtig für das Klima, insbesondere Regenwälder, weil sie so viel CO_2 speichern. Das tun aber auch Sümpfe und Permafrostböden. Trotzdem wecken sie nicht so eine Leidenschaft in uns wie die Regenwälder. Wir haben den Regenwald romantisiert und zu einem Sehnsuchtsort gemacht. Über die Bäume dort wissen wir so gut wie nichts. Nur dass sie groß sind. Und irgendwo haben wir einmal von den Lianen gehört, die dort überall hängen. Oder ist das nur in den Filmen und Geschichten so? Wir wissen auch kaum etwas über die anderen Pflanzen und Tiere. Nur dass es viele sind. Vielleicht noch, dass dort Pflanzen mit Heilwirkung wachsen – in der Schule haben wir mal etwas über die »Regenwaldapotheke« gelernt.

Seien wir ehrlich. Unser Bild von diesen Wäldern ist, sobald wir uns einmal zwingen, genauer hinzuschauen, ziemlich unscharf. Dennoch spüren wir, dass diese Wälder etwas ganz Besonderes sind. Dass wir sorgsam mit ihnen umgehen und sie schützen sollten. Genährt wird unsere Regenwaldutopie auch durch gut produzierte Dokumentationen. In diesen Dokumentationen lernen wir, dass unser Sehnsuchtsort dabei ist, zerstört zu werden. Das wollen wir natürlich nicht. Schnell ist eine Petition unterschrieben oder ein Kommentar in den sozialen Medien abgeschickt. Das Motto: Besser als nichts.

Und noch eine Frage stelle ich mir: Warum interessieren wir uns für den Wald, aber so wenig für die Menschen, die mit, von und in ihm leben – oder eben genau das nicht mehr tun? Für die Menschen gibt es in unserer Utopie erstaunlich wenig Platz. Manchmal tauchen sie am Rande auf: als Verlierer von Landrechtskonflikten oder als Handlanger von Konzernen bei der Rodung großer Waldflächen. Oder wir stellen sie uns als nomadisierende Naturvölker vor, die mit der Moderne nichts zu tun haben. Selten sehen wir sie als normale Menschen mit Bedürfnissen und Meinungen, Familien, die in Städten oder Dörfern leben, als Bauern, Wachleute, Lehrerinnen, Verkäuferinnen, Männer mit Motorrad, Frauen mit einem nervigen Ehemann, mit einem kranken Kind, das zum Arzt muss, Menschen mit Lust auf Konsum, als Kirchgänger, Imbissbudenbesitzer, als begeisterte Handyfotografen, Buchhalter, Raucher, Schüler.
Ich spitze natürlich zu. Und ich polemisiere. Trotzdem: Mein Eindruck ist, dass wir uns eine zu einfache Sicht auf ein komplexes Thema leisten. Eine Vereinfachung, die nicht nur nichts nützt, sondern schadet.

In den letzten Jahren hatte ich reichlich Gelegenheit, die öffentliche Debatte zu verfolgen. Und mein Beobachtungsposten war gut: Ich habe in der Unternehmenskommunikation eines Motorsägenherstellers gearbeitet. Ich kenne die Berichte zu diesem Thema, die bereits erwähnten Dokumentationen, Kampagnen von Nichtregierungsorganisationen, Petitionen, aufwallenden und abklingenden Empörungswellen in den sozialen Medien, Schuldzuweisungen und Forderungen an Politik und Unternehmen, Aufrufe zum Boykott, zu Protest oder zu Spenden.

Was ich sagen kann: Niemand möchte, dass der Regenwald verschwindet. So weit sind sich (fast) alle einig. Aber schon bei der Frage, wie das Verschwinden gestoppt werden kann, ist die Einigkeit dahin, und konkrete Vorschläge sind rar. Es klingt so einfach: Man sollte das Abholzen sein lassen, illegale Rodungen strenger ahnden und keine Holzeinschlagsgenehmigungen an Unternehmen vergeben. Außerdem sollte man wiederaufforsten, oder?

Schon lange waren mir Natur- und Umweltthemen wichtig. So wie viele andere auch habe ich mehr oder weniger erfolgreich versucht, die richtigen Dinge zu tun und die falschen zu lassen. Das Regenwaldthema fesselte mich. Bald schon mehr, als es für meine Arbeit nötig gewesen wäre. Ich las alles, was ich dazu finden konnte. Lernte, dass guter Wille allein nicht reicht, dass viele Projekte scheitern oder nach einer Laufzeit von ein paar Jahren versanden. Selten stand in diesen Texten, wie Projekte aussehen sollten, die eine echte Verbesserung der Situation bedeuten.

Mir wurde immer klarer, was für eine mitteleuropäische, unterkomplexe Vorstellung ich gehabt hatte und wie weitreichend die Ursachen und Auswirkungen der Entwaldung waren. Bis mich mein neues Wissen lähmte. Völlig verrückt, unter diesen Umständen überhaupt ein Projekt auf die Beine zu stellen, dachte ich. Wer tut sich das freiwillig an?

Am liebsten hätte ich alle Bücher zugeschlagen und das Thema vergessen. Zum Glück gibt es Menschen, die sich nicht abschrecken lassen und anpacken. Einige davon durfte ich kennenlernen. Unter diesen

Menschen waren auch Johannes[1] und seine Kolleginnen und Kollegen von Fairventures.

Sie machen das, was mir nach allem, was ich bisher gelernt hatte, als gangbarer Weg übrig zu bleiben schien: Sie errichten keine Schutzgebiete und versuchen auch nicht, den Regenwald dort, wo er abgeholzt worden ist, wieder nachzupflanzen. Sie ignorieren nicht das eng gewobene Netz aus Globalisierung und Kapitalismus, das unsere Welt umspannt und sich wohl auch nicht mehr einfach durchtrennen lassen wird. »Zurück in die Vergangenheit« ist einfach keine Option. Und vor allem begreifen sie den Wald nicht als ein vom Mensch losgelöstes System. Sie wollen keinen Naturschutz *trotz* der dort lebenden Menschen betreiben, sondern *mit* ihnen.

Das erfordert eine klare Orientierung an den menschlichen Grundbedürfnissen. Viele davon lassen sich inzwischen fast überall auf der Welt – auch auf Borneo – im Tausch gegen Geld befriedigen. Also muss ein ökonomischer Ansatz zugrunde gelegt werden. Diese und viele weitere Überlegungen flossen in das »One Million Trees for Borneo«-Projekt der Organisation ein, das ich in diesem Buch genauer beleuchten werde. Johannes, seine Kolleginnen und Kollegen und die Menschen, die sich auf Borneo oder in Deutschland an dem Projekt beteiligen, sind sich darüber im Klaren, dass sie Abstriche machen müssen, um ihre Ziele verwirklichen zu können. Nur so gelingt es, in diesem komplexen Umfeld teilweise widerstreitende Bedürfnisse auszutarieren und voranzukommen.

---

1 Warum nenne ich keine Nachnamen? Viele Dayak – und um sie geht es in diesem Buch schließlich – haben keinen Nachnamen. Wenn man sie formell adressiert, stellt man ihrem Namen ein »Pak« (Herr) oder »Ibu« (Frau) voran. Um keine Hierarchien aufzumachen, habe ich entschieden, alle in diesem Buch vorkommenden Personen nur beim Vornamen zu nennen.

Aufforstungsflächen zwei Jahre nach Beginn des Projektes

Klingt gar nicht so idealistisch, sondern eher pragmatisch? Das ist es auch, und es ist genau dieser Pragmatismus, der mich von Anfang an für dieses Projekt eingenommen hat. Ich glaube, oft stehen Romantisierung und Idealisierung einer Verbesserung der Situation im Weg. Entweder fängt man dann gar nicht erst an, wenn keine Lösung gut genug ist, oder einem Vorhaben liegen unrealistische Annahmen zugrunde, sodass ein Scheitern des Projekts schon vorprogrammiert ist. Pragmatismus erfordert Mut zur schonungslosen Ehrlichkeit. Bevor man anfängt und auch danach. Und Pragmatismus bringt Ergebnisse: Ich sah die Drohnenaufnahmen von Flächen, die jahrelang nach dem Verschwinden des Waldes brach gelegen hatten. Jetzt wuchsen dort wieder Bäume. Hunderte Bauern hatten sich dem Projekt angeschlossen und pflanzten auf ihren Feldern etwas wie Gemüse. In einem degradierten Gebiet entstand eine Art grüner Korridor entlang des Flusses. Gibt es einen Widerspruch zwischen der Ablehnung von Vereinfachung und dem Lob von Pragmatismus? Meiner Ansicht nach nicht. Ich glaube, dass man zuerst die Komplexität einer Situation erfasst haben muss, um dann effektiv pragmatisch sein zu können.

Meine erste Begegnung mit Johannes und seinen Kolleginnen und Kollegen fand im November 2017 statt, als sie die Firma besuchten, bei der ich arbeitete. Und zwar gemeinsam mit Gästen aus Indonesien, genauer gesagt, Borneo. Fairventures hatte einige Mitarbeiter aus seinem Projektgebiet nach Deutschland eingeladen. Sie fanden, es sei eine gute Gelegenheit, um sich besser kennenzulernen, und wollten ihren Gästen als Teil ihres Reiseprogramms die Produktion eines deutschen Maschinenbauunternehmens zeigen. Ich war neugierig, wie es sein würde, zum ersten Mal Menschen zu treffen, die tatsächlich in der Region lebten, über die ich so viel gelesen hatte. Und ich war nervös: Würde das nicht ein sehr schwieriger Tag für uns alle werden? In meinem Kopf ging ich bereits mögliche Diskussionen durch.

Zu meiner Überraschung war dieser Besuch kein bisschen kompliziert. Unsere Gäste aus Borneo entpuppten sich als quirliger, aufgeweckter Haufen. Sie begeisterten mich mit ihren Witzen, ihrer Energie und ihren direkten Fragen, die sich bald von meiner Arbeit für das Unternehmen wegbewegten. Sie wollten wissen, wie viel ich verdiente, aber auch, ob ich bei meiner Familie lebte, ob ich einen Freund hatte und ob ich selbst Gemüse anbaute. Und sie erzählten mir von zu Hause. Sie zeigten mir Fotos von ihren Kindern und Frauen, von Festen und von den Bäumen in verschiedenen Wachstumsstadien. Auf einem Bild war eine mehrere Meter lange Schlange zu sehen, der sie bei einem Kontrollgang durch eine einjährige Baumpflanzung begegnet waren. Sie erzählten, dass ihnen hier Nasi – also Reis – zum Frühstück fehle, und alle waren sich darin einig, dass es furchtbar kalt in Deutschland sei. Nach diesem Tag hatten die Leute, von denen ich bis-

lang nur gelesen hatte, ein Gesicht, eine Stimme und einen sehr aktiven Facebook-Account.
Damals hätte ich mir nicht träumen lassen, dass ich mich ein Jahr später selbst nach Borneo aufmachen würde. In dem Jahr, das zwischen meiner verstärkten Auseinandersetzung mit diesem Thema und meiner Abreise lag und in dem ich wenig verstanden hatte, trieb mich vor allem eines an: Ich wollte lernen, was mit diesem Regenwald wirklich los ist, was von Palmöl und den anderen Entwaldungstreibern zu halten ist und was passieren müsste, damit sich die Situation tatsächlich verbessert oder zumindest nicht weiter verschlechtert.

Gleichzeitig beschäftigte mich aber auch der Widerhall dieses Themas in der öffentlichen Wahrnehmung. Und das »One Million Trees«-Projekt, dessen Umsetzung ich mir trotz intensiven Lesens und regen Austauschs nicht so recht vorstellen konnte. Woher kamen die degradierten Flächen? Warum waren sie vorher nicht genutzt worden? Wie konnte die Organisation sicherstellen, dass die Landrechte bei den Kleinbauern blieben? Und dass die gepflanzten Bäume später nicht heimlich von wem auch immer gefällt würden?

Mir fiel auf, wie schwer es für andere Unbeteiligte war, sich überhaupt ein Bild von den Verhältnissen und dem Projekt zu machen. Zwischen Forstwissenschaftlern und Experten für Entwicklungszusammenarbeit und den Menschen, deren Leben sich nicht primär um solche Themen dreht, klaffte eine riesengroße Lücke. Das ist wohl bei jedem Fachgebiet so, aber in diesem Fall schien es mir besonders auffällig. Ich gehörte, auch nach all dem Lesen und Fragenstellen, zu der zweiten Gruppe. Obwohl das »One Million Trees«-Projekt nicht ganz unkompliziert war, hatte ich immer mehr den Eindruck, dass das nicht an seiner Komplexität lag, sondern an den fehlenden Wissensgrundlagen.

Und genau deshalb fassten Fairventures und ich irgendwann gemeinsam den Entschluss, das Ganze näher zu uns heranzuholen. Wir wollten erzählen, in aller Ruhe. Wir brauchten ein Format, das Zeit gewährt: ein Buch. Aber kein Fachbuch über Agroforstsysteme[2], sondern eines, das die Menschen in den Mittelpunkt rückt und ihre Geschichten erzählt: vor allem natürlich die Menschen auf Borneo, aber auch Menschen wie Johannes und seine Freunde, die das Projekt ins Leben gerufen haben, und auch mich, stellvertretend für alle, die mehr verstehen wollen.

Der Zeitpunkt war günstig. Ein paar Monaten später sollte der eine millionste Baum gepflanzt werden. Ein Meilenstein, auf den Johannes und seine Freunde die letzten fünf Jahre hingearbeitet hatten. Unser Plan: Ich würde hinfahren, mir alles mit eigenen Augen anschauen, mit so vielen verschiedenen Leuten wie möglich sprechen und meinen Nichtexpertenstatus nutzen, um ein Buch für andere Nichtexperten zu schreiben. Ich würde alles fragen, was mir in den Sinn kam, genauso, wie es die Indonesier bei mir gemacht hatten. Anfangs war ich etwas besorgt, ob ich wirklich so ungefiltert drauflosfragen könnte. Johannes sagte dazu nur: »Einen Dayak darfst du auch nach der Farbe seiner Unterhose fragen.« Stimmt, das kann ich jetzt, einige Monate später, bestätigen.

Wir planten meine Recherchereise auf die indonesische Art – ganz grob, mit so wenig konkreten Details, dass die Deutsche in mir kaum zur Ruhe kam. Man sagte, ich solle einfach darauf vertrauen, dass sich kurz vorher schon alles regeln würde. Das musste ich erst lernen, aber es funktionierte wunderbar.

2 Was ein Agroforstsystem ist, wird in Kapitel 6 erklärt und in den nachfolgenden Kapiteln vertieft.

Ich war viel unterwegs: nicht nur in Indonesien, sondern zum Beispiel auch in Berlin, um Wolfgang, den ersten Mitarbeiter des Projekts, kennenzulernen, oder bei der Missionsgesellschaft in Basel, um die Wurzeln des Projekts besser zu verstehen. Dort durfte ich in Dokumenten aus 200 Jahren Missionsgeschichte lesen, wie die ersten Missionare damals Borneo, den Wald und die Stämme der Dayak erlebten.

Noch ein paar Worte zu mir: Ich bin keine Forstwissenschaftlerin, keine Expertin der Entwicklungszusammenarbeit, nicht einmal eine Kulturwissenschaftlerin mit Schwerpunkt Südostasien. Ich bin eine interessierte Beobachterin, und ich habe die unglaubliche Chance bekommen, beim Beobachten näher hinzuschauen, als es vielen anderen möglich ist. Was ich gesehen habe, möchte ich teilen. Ich möchte jedem, der dieses Buch liest, anbieten, gemeinsam mit mir zu lernen und zu erleben. Denn ich bin mir sicher, dass wir uns ähnliche Fragen stellen.

Borneo steht exemplarisch für viele Regionen auf der Erde. Auch in Brasilien oder im Kongo stehen Wald, Flächenbedarf, indigene Bevölkerungsgruppen und die Bedürfnisse einer globalisierten Welt in vergleichbarem Spannungsverhältnis. Auch dort sind die Ursachen für die Entwaldung komplex. Und das »One Million Trees«-Projekt ist ein Beispiel für einen – sicher nicht den einzigen – Weg, um trotz der Vielfalt der Herausforderungen etwas zu verbessern. Das ist ein Ansatz, der mich überzeugt hat.

Ich denke, dass wir am Beispiel Borneo eine realistischere Vorstellung gewinnen können, wie unser geliebter Sehnsuchtsort Regenwald sinnvoll geschützt werden kann.

Bevor es richtig losgeht

Als ich nach meiner Rückkehr aus Indonesien wieder zu Hause in unserer Stuttgarter Wohnung sitze, ist mein Kopf unglaublich voll. Es ist das erste Mal seit über einem Monat, dass neue Eindrücke nicht sofort von noch neueren Eindrücken überlagert werden. Bilder und Gesprächsfetzen von der Reise quellen unzusammenhängend aus mir hervor: ein älteres Dayakpärchen, das mir in einer Kautschukplantage zeigt, wie man die Rinde des Baums richtig anritzt. Kinder, die ihre Väter in der Goldmine besuchen kommen. Die Baumschule, in der Hunderte von Setzlingen darauf warten, in der nächsten Pflanzphase in die kargen Böden gepflanzt zu werden. Sepines Großmutter, die ihrer Tochter und ihrem Schwiegersohn zuhört, wie sie von der Arbeit mit ihren Bäumen schwärmen.

Ich habe Fieber. Ein schönes Mitbringsel, das mir im kalten vorweihnachtlichen Deutschland ein bisschen das Gefühl gibt, immer noch in den Tropen zu sein. Aber auch als das Fieber endlich sinkt, wird es in meinem Kopf nicht viel ordentlicher.

Nach längeren Überlegungen habe ich mich für folgende Reihenfolge entschieden. Ich beginne mit einem Überblick über das Land und die Insel. Auch wenn das hier kein klassisches Sachbuch ist, möchte ich diese Verortung anbieten. Wer diese Informationen nicht braucht, blättert weiter zum nächsten Kapitel: einem kurzen Abriss der Missionsgeschichte in Borneo. Aus meiner Sicht hilfreich, um die Strukturen, die Wurzeln der Entwicklungszusammenarbeit auf Borneo und die Rolle der Kirche heute zu verstehen. Auch das »One Million Trees«-Projekt steht in der Tradition früherer Missionsprojekte.

Weiter geht es mit der Entstehungsgeschichte dieses Projekts von den 1990er-Jahren bis heute. Eine für mich faszinierende Verbindung von Menschen mit großer Motivation, über Kontinente und Jahrzehnte hinweg.

Anschließend schildere ich meine Reise vor Ort, die mir gezeigt hat, warum der Projektansatz funktioniert und wie herausfordernd die Arbeit daran trotzdem ist. Ich werfe Schlaglichter auf das traditionelle Leben der Dayak, den Wald und verschiedene Entwaldungstreiber.

Dabei lasse ich vor allem die Menschen zu Wort kommen. Sie sind die besten Erzählerinnen und Erzähler. Sie berichten, wie ihr Leben früher war, was sich seitdem geändert hat, was sie von dem Projekt halten und wie sie angefangen haben, Bäume zu pflanzen.

Das Buch endet mit der Pflanzung des eine millionsten Baums und einer Vision für die Zukunft. Denn bei einer Million Bäume soll es nicht bleiben.

Los geht's.

Kapitel 2
Indonesien und Borneo

Indonesien ist der größte Inselstaat der Welt und besteht aus über 17.000 Inseln, von denen weit weniger als die Hälfte bewohnt sind. Allein aufgrund dieser besonderen geografischen Ausgestaltung ist es schwierig, Allgemeines über das Land zu sagen. Hinsichtlich Fläche und Einwohnerzahl (schätzungsweise 255 Millionen) ist Indonesien der größte Staat Südostasiens. Von Westen nach Osten erstreckt sich das am Äquator gelegene Land über mehr als 5.000 Kilometer. Die Inseln liegen in einer seismisch besonders aktiven Zone, weswegen es immer wieder zu Vulkanausbrüchen, Erdbeben, Seebeben und Tsunamis kommt.

1945 rief Indonesien die Unabhängigkeit aus. Seitdem wird die Republik von der Hauptstadt Jakarta aus regiert. Jakarta liegt auf der Insel Java, wo mehr als die Hälfte aller Indonesier lebt. Häufig werfen die Bewohner der anderen Inseln der indonesischen Regierung Java-Zentrismus vor: mangelndes Verständnis für die diversen Bevölkerungsgruppen und die kulturellen, religiösen, klimatischen und geografischen Besonderheiten der Inseln und ihrer Bewohner.

In diesem Buch geht es nicht um Indonesien, sondern um eine indonesische Insel, genauer gesagt, den indonesischen Teil der Insel Borneo. Borneo ist die drittgrößte Insel der Welt. Mehrere Staatsgrenzen verlaufen hier: Der Norden gehört zu Malaysia, ein kleiner Teil des Nordens zum Sultanat Brunei, und der größte Teil der Insel gehört zu Indonesien und wird von den Einwohnern »Kalimantan« genannt.

Der Name der gesamten Insel geht auf portugiesische Seefahrer zurück: 1518 landeten sie an der Nordküste im Gebiet des Sultanats Brunei. Diese Bezeichnung übertrugen sie auf die gesamte Insel, wandelten die Buchstabenkombination aber so ab, dass sie es leichter aussprechen konnten: Borneo.

Bis vor wenigen Jahrzehnten war Borneo fast vollständig von Wald bedeckt. Feuchtwarmes Klima bot ideale Bedingungen für eine üppige Pflanzen- und Tierwelt, deren Vielfalt Wissenschaftler bis heute fasziniert. Da es keine Straßen gab, spielte sich das Leben entlang der Flüsse ab: Fortbewegung und Transport waren nur über den Wasserweg möglich. Über die gesamte Insel verteilt lebten Dayak, teils sesshaft, teils nomadisierend, als Jäger und Sammler. Der gemeinsame Name suggeriert eine Homogenität, die es so nicht gibt. In ihrer Sprache, Religion und Kultur unterscheiden sich die einzelnen Stämme enorm. Eines eint sie jedoch alle: ihre enge Beziehung zur Natur, um die es in den folgenden Kapiteln noch öfter gehen wird.

Erste Veränderungen erfuhr das traditionelle Leben mit dem Beginn der christlichen Mission auf Borneo. Weitere große Einschnitte bildeten die Handelsaktivitäten und später die Kolonialisierung der Insel durch die Niederländer. Mit den Handelsaktivitäten setzte eine Entwaldung ein, die seit Anfang der 1970er-Jahre durch die Globalisierung stark beschleunigt wurde. Besonders hoch war die Nachfrage nach Holz und Kautschuk, das die ständig wachsende Automobilindustrie für die Herstellung der Reifen benötigte. Auch die Vorkommen von Gold und Diamanten weckten Begehrlichkeiten. Die frei gewordenen ehemaligen Waldflächen wurden und werden zunehmend in landwirtschaftliche Nutzflächen umgewandelt: zuerst für Kautschuk, seit einigen Jahren vor allem für Ölpalmen. Kapitalistische Handlungsmuster sind also vergleichsweise neu und breiten sich schnell auf der Insel aus.[3] Die Bewegungsrichtung des Kapitalismus geht von den Küsten in das teilweise immer noch bewaldete Landesinnere.

3 Gemeint ist ein ganzes Bündel an Vorstellungen und Praktiken: so etwa die Bedeutung und überhaupt die Verwendung von Geld, um Gegenstände und Dienstleistungen zu erwerben. Gemeint sind auch ein genereller Wachstumsglaube und ein persönliches Streben nach »mehr«; auch das für uns weitgehend selbstverständliche Konzept von Besitz. Nicht zuletzt geht es hier auch um die wechselseitige Beeinflussung von Angebot und Nachfrage, die Vorstellungen davon, wie sich Preise entwickeln und wie Märkte funktionieren. In den folgenden Kapiteln werden die Ausbreitung dieser kapitalistischen Handlungsmuster und die Herausforderungen, die sich dadurch für die Dayak ergeben, näher beleuchtet.

Kapitel 3
Die christliche Mission auf Borneo

»Kletter- und Schlingpflanzen ranken und klettern üppig an den Riesenstämmen empor, manche so mit einem grünen Umhang umkleidend, dass von dem Stamm selbst nichts mehr zu sehen ist. Auch steigen sie hinauf zu den Kronen, und Äste und Zweige sind von ihnen wie mit Girlanden behangen. Mehr abseits haben andere Schlingpflanzen Platz gefunden, die, ihrerseits auch recht ansehnlich, fast beindicke Stämme gebildet haben. Sie stehen da wie Säulen, auf denen die mächtigen Äste der Bäume zu ruhen scheinen.«

So der Missionar Heinrich Philipp Tromp, der zwischen 1869 und 1910 für die Rheinische Missionsgesellschaft in Kalimantan stationiert war. Er beschreibt auch die Tierwelt, die er damals vorfand: »Vögel, bunt gefiedert, fliegen hin und wieder, oder sitzen zwitschernd auf den Ästen der Bäume. Zahlreiche Affen treiben gleichfalls dort ihr neckisches Spiel. Kommen wir ihnen nahe, dann grinsen sie uns an mit lautem Krächzen. Hoch oben in den Lüften zieht der Nashornvogel seine Bahn. Weithin ist der Schlag seiner mächtigen Flügel vernehmbar. Viel weiter sein oft lang gezogener, bisweilen auch kurz hervorgestoßener, fast brüllender Schrei. Den Dajak ist er Sinnbild der Stärke.«

Dennoch schildert Tromp in seinen Berichten kein romantisches Idyll. Sehr deutlich beschreibt er den Gegensatz zwischen atemberaubend schöner Natur und ihrer Härte und Erbarmungslosigkeit gegenüber uns Mitteleuropäern, wenn wir uns ihr aussetzen:

»So entzückend das Kleid dieser reich geschmückten Landschaft uns auch anmutet, so unangenehm, ja abstoßend, kann sie auf uns wirken, wenn wir, angelockt durch ihre Fülle, Pracht und Schönheit, uns versucht fühlen, einen Gang in den Urwald da zu unternehmen. Ein Gewirr von Dornen, Gestrüpp und Gesträuch umfängt uns, und tief sinkt der Fuß ein in den sumpfigen Boden. Nur mit dem Buschmesser in der Hand vermag sich der mit den Verhältnissen vertraute Eingeborene da einen Weg zu bahnen. Mit ihm bewaffnet lichtet er das Dickicht, indem sein Fuß einen Stützpunkt findet auf den mancherlei Verflechtungen der vielen Luft- und Stelzenwurzeln der Bäume und Bäumchen.«

Auch ich habe über hundert Jahre später diese Erfahrung gemacht. Welchen Herausforderungen sich Missionare wie Tromp damals stellten, um ihre Botschaft zu verbreiten, kann ich höchstens erahnen.

An einem Samstagabend weit nach Mitternacht sitze ich allein im Lesesaal des Archivs der Basler Mission, versunken in die Aufzeichnungen der frühen Missionare in Kalimantan. Die Missionsgeschichte in Kalimantan ist wichtig, um die Wurzeln des »One Million Trees«-Projekts zu verstehen. Hier wird auch verständlich, warum die evangelische Kirche dort heute noch so großen Einfluss hat.

Mitglieder der Rheinischen Mission nahmen ihre Tätigkeit erstmals 1834 auf. Von Banjarmasin aus missionierten sie das Tiefland. Bei muslimischen Siedlern, die aus Malaysia oder Java zugezogen waren, waren diese Bemühungen nicht besonders erfolgreich. Anders sah es bei den Dayak aus: Mit großer Beharrlichkeit gelang es den Missionaren, erste Gemeinden zu gründen. Ganz so vollständig, wie die Missionare sich das gewünscht hätten, gaben sich die Dayak dem neuen Glauben aber nicht hin. Viele pflegten weiterhin ihren traditionellen Glauben – genannt Kaharingan – und integrierten das Christentum in ihn. Teilweise

Aus dem Archiv der Basler Mission: Dayakkrieger

Dayak mit einer Schlange, die ein Kalb verschlungen hat

wird die Kombination dieser beiden Religionen bis heute praktiziert. In Kalimantan ist es nicht ungewöhnlich, dass für einen Verstorbenen zunächst eine christliche Beerdigung abgehalten wird, die Familie aber Jahre später die Knochen wieder aus der Erde holt. Die Knochen benötigt man für die Tiwah, die traditionelle Knochenwaschzeremonie. Ich hatte die große Ehre, an einer solchen Tiwah, dem höchsten Kaharingan-Ritual, teilnehmen zu dürfen.[4]

Laut den alten Briefen und Berichten stellten die Missionare auf Bootsreisen durch das ihnen zugeteilte Gebiet häufig fest, dass die getauften Dayak den Sonntag vergaßen, weiterhin an den Riten ihres alten Glaubens teilnahmen oder das Beten vernachlässigten.

Über hundert Jahre nach Beginn der Mission in Kalimantan attestierte der Missionar Heinrich Honegger 1948 in seinem ersten Tertial-

4 Mehr zu den Traditionen der Dayak und Tiwah in Kapitel 8.

bericht den bisherigen Bemühungen nur einen Teilerfolg: »Wohl können wir nicht sagen, dass das alte Heidentum gebrochen ist; aber eine Auflockerung der alten heidnischen Bindungen darf festgestellt werden.« Mit den »alten heidnischen Bindungen« meint Honegger das eben erwähnte Kaharingan.

Über die traditionelle Religion der Dayak kann ich guten Gewissens kaum etwas schreiben. Immer wieder wird dieses Thema am Rande auftauchen, aber es ist nicht der Fokus dieses Buchs. Ich bin ehrlich: Ich habe es nicht gut genug verstanden und glaube auch nicht, dass das einer Person aus dem westlichen Kulturkreis so einfach möglich ist. In Kaharingan einzutauchen würde viel mehr Zeit und eine ganz andere Herangehensweise erfordern. An dieser Stelle nur so viel: Mein Eindruck ist, dass es zwischen Diesseits und Jenseits fließendere Übergänge gibt als im Christentum. Und dass es zwischen diesen beiden Welten voller ist. Dieser Raum ist bewohnt von den Geistern, Seelen und We-

Ein traditionelles Dayak-Langhaus

sen, die sich in der Welt der Lebenden auf die verschiedensten Weisen bemerkbar machen. Manche sind einem bestimmten Menschen wohlgesinnt, andere nicht, manche lassen sich besänftigen, andere nicht. Viele scheinen plötzlich aufzutauchen, ohne dass der Grund ihres Erscheinens klar wird. Einige Geister bedienen sich an den Opfergaben – gekochtem Reis zum Beispiel –, die die Menschen für sie bereitstellen, und meiden künstliches Licht.

Außerdem habe ich den Eindruck, dass es mehr große und kleine Rituale gibt, die die Menschen untereinander verbinden und das Leben ordnen. Einiges muss den Missionaren sehr fremd gewesen sein. So schreibt Tromp über den Umgang mit den Verstorbenen: »In einigen Stämmen war es Adat[5], die Toten in den Häusern aufzubahren in Särgen und sie monate-, manchmal sogar jahrelang dort stehen zu lassen. Die am Ende des Sarges auslaufende Verwesungsflüssigkeit wurde aufgefangen und oft zu allerlei Zwecken verwendet.«

Heinrich Philipp Tromp schilderte auch die anderen Herausforderungen, denen sich die Missionare Tag für Tag stellen mussten: die Hitze, das beschwerliche Reisen auf den Flüssen und die Tropenkrankheiten, denen ganze Generationen von ihnen erlagen. Immer wieder bin ich während meiner Reise auf Missionarsgräber gestoßen. In Mandomai etwa wurden die Missionare direkt auf dem Kirchen- und Schulareal begraben. Es ist seltsam, in diesem tropischen Klima vor den weißen Grabsteinen zu stehen und die deutschen Namen zu lesen.

Für die Rheinische Missionsgesellschaft wurde es nach dem Ersten Weltkrieg finanziell eng. Schließlich sah sie sich gezwungen, ihre Aktivitäten auf Borneo einzustellen. Die Basler Mission übernahm. Bis nach

---

5 »Adat« ist ein unübersetzbares Wort. Es umfasst Gewohnheiten, Bräuche und ein fein ausdifferenziertes System aus Regeln und Erwartungen. In vielen Gegenden Indonesiens existiert das Adat parallel zum kodifizierten staatlichen Recht.

dem Ende des Zweiten Weltkriegs durchlebten die Insel und ihre Bewohner schwere Zeiten unter der japanischen Besatzung seit 1941. Am Ende mussten die Japaner Indonesien in die Unabhängigkeit entlassen.

Auch die Missionare der Basler Mission traten (unfreiwillig) die Heimreise an. »Die Missionare gehen, die Mission bleibt«, schreibt der Missionar Hans Göttin.

Damit hatte er recht. Bereits 1935 hatten die christlichen Dayak in Banjarmasin ihre eigene kirchliche Organisation gegründet, die heute unter dem Namen Gereja Kalimantan Evangelis (GKE) bekannt ist.[6] Die Christen in Kalimantan waren damit eigenständig organisiert. Wenig später bot ihnen die Basler Mission eine Zusammenarbeit an. Der Charakter der Missionsarbeit veränderte sich: Neben der Unterstützung und Beratung der Gemeinden wandte man sich in Kalimantan nun verstärkt dem Aufbau von Strukturen zu – insbesondere Bildung und Ausbildung. Schulen und Fachschulen entstanden, so auch die Holzfachschule in Mandomai, die ich auf meiner Reise besucht habe.

In dieser Schule liegen die Ursprünge des »One Million Trees«-Projekts.[7] Die Missionare haben also nicht nur ihren Glauben in Kalimantan verbreitet, sondern auch den Grundstein für die heutige Entwicklungszusammenarbeit gelegt – in Mandomai und auch in vielen anderen Regionen Kalimantans. Die Kirche trat mehr und mehr in den Hintergrund. Ihren Platz haben verstärkt NGOs und staatliche Entwicklungszusammenarbeitsprojekte eingenommen.

---

6 Ich habe mit Bischof Wardinan Lidim, ihrem höchsten Vertreter, ein Gespräch geführt (siehe Kapitel 16).

7 Wie dort zum ersten Mal die Idee aufkam, Bäume zu pflanzen, wird in Kapitel 4 geschildert.

Ein Urwaldriese

Kapitel 4

Die Anfänge: Johannes und Ulrike in Mandomai

Woher kommen die Kraft, der Mut und die Leidenschaft, eine eigene Organisation zu gründen? Das möchte ich von Johannes erfahren. Aufgewachsen ist er in einer pietistisch geprägten Familie in einem württembergischen Dorf etwas außerhalb des Speckgürtels von Stuttgart. Seine Mutter, seine Geschwister und er bewirtschafteten gemeinsam einen Bauernhof. »Wir hatten Tiere, klassischen Feldbau und auch Wein«, erzählt er. Nachmittags nach der Schule halfen die Kinder auf dem Hof mit.

Wir sitzen in seinem Büro in Stuttgart. Johannes schildert, welche Grundsteine in seiner Kindheit für seine heutige Tätigkeit gelegt wurden. Freude an körperlicher Arbeit – heute ist das für ihn eine Freizeitbeschäftigung, wenn er als Winzer arbeitet und seinen eigenen Wein herstellt. Affinität zur Landwirtschaft. Verständnis für die Mechanismen einer Großfamilie – nicht unwichtig, wenn man beschließt, ein Projekt in Kalimantan anzustoßen.

Hinzu kommt eine Begeisterung für fremde Kulturen. Sie wurde geweckt, als die erste große Fluchtwelle aus Eritrea auch Johannes' Heimatdorf erreichte. Sein Bruder engagierte sich in der Flüchtlingshilfe und brachte Eritreer mit nach Hause. Die Mutter nahm alle herzlich auf und bekochte ihre Gäste. »Wie auch die Indonesier, die ich später kennengelernt habe. Das ist das Hobby meiner Mutter«, sagt Johannes. Die Eritreer wohnen heute noch in dem schwäbischen Dorf und werden von Johannes' Mutter zum Essen eingeladen. »Damals war ich vielleicht zwölf Jahre alt. Ich habe richtig Feuer gefangen«, erzählt Johannes.

Nach Schule und Zivildienst machte er eine Ausbildung zum Modellbauer. Inzwischen war er verheiratet und hatte mit seiner Frau Ulrike eine Familie gegründet. »Es ist gut, wenn Menschen früh Verantwortung übernehmen.« Ein Grundsatz, dem er bis heute gefolgt ist, und eine Einstellung, die er mit seiner Frau teilt. »Wir saßen beide nicht gerne untätig auf dem Sofa. Wir hatten ähnliche Vorstellungen vom Leben, und wir wollten früh in die Verantwortung gehen.« Gemeinsam brachen sie zu einem Freiwilligeneinsatz im Ausland auf. Während dieses »ersten Versuchs«, wie Johannes es nennt, wuchs bei beiden die Motivation, ein solches Engagement zukünftig zu ihrem Lebensmittelpunkt zu machen.

Zurück in Deutschland, absolvierte Johannes eine Weiterbildung zum Holztechniker. Bald zog es die Familie erneut in die Ferne. Ohne je dort gewesen zu sein, unterschrieb Johannes bei der Basler Missionsgesellschaft einen Fünfjahresvertrag für einen Einsatz in Indonesien. Seine Aufgabe: Er sollte eine Holzfachschule in Mandomai in Zentralkalimantan begleiten. Die bessere Ausbildung sollte zu einer höheren Wertschöpfung in Kalimantan beitragen.

Nach zwei Vorbereitungsphasen bei der Basler Mission und bei der heutigen Akademie für Internationale Zusammenarbeit in Bad Honnef brach die Familie auf – in ein Land, das seit dreißig Jahren von dem indonesischen Diktator General Suharto beherrscht wurde. Auch kleine, abgelegene Orte wie Mandomai blieben davon nicht unbehelligt: In den fünf Jahren erlebte die Familie indonesische Zeitgeschichte hautnah mit

Johannes beim abendlichen Palaver mit Kollegen in Mandomai

– inklusive rasanter Geldentwertung und gewaltsamer politischer Auseinandersetzungen.

Eine viel beachtete Prognose, die auf Samuel P. Huntingtons Werk »Kampf der Kulturen« basierte, sagte Indonesien damals ein großes Wirtschaftswachstum voraus. Es hieß, der Inselstaat werde mittelfristig mit Deutschland gleichziehen. Vor diesem Hintergrund starteten Johannes und Ulrike ihr Abenteuer.

Als die beiden mit ihren Kindern in den späten 1990er-Jahren in Mandomai ankommen, gibt es hier nur wenige Vorzeichen der Moderne: Keine Straße führt dorthin, der Ort ist nur mühsam über den Wasserweg erreichbar. Es gibt kein Telefon. Die weiße mitteleuropäische Familie erregte so viel Aufmerksamkeit, dass Menschen aus den umliegenden Dörfern und von weiter weg extra nach Mandomai kamen, um einen Blick auf die Fremden zu erhaschen.

Von der Genehmigung eines kleineren Bauprojekts bis zum ersten Spatenstich können in Deutschland leicht fünf Jahre vergehen. In Mandomai erlebten Johannes und Ulrike, wie innerhalb von fünf Jahren eine Straße gebaut wurde und wie Telefone und das Internet das Dorf mit der Welt verbanden.

Auch Ulrike hat mir von dieser Zeit erzählt. »Das Leben in Mandomai war ursprünglich und naturnah. Der Morgen begann, wenn die Sonne aufging – also sehr früh. Alles spielte sich um den Fluss herum ab. Er war die Verbindung zu anderen Orten, im Fluss wusch man sich morgens und fischte für das Abendessen. Wir wohnten in einem Stelzenhaus direkt am Ufer. Freitag war Markttag, der Höhepunkt der Woche in Mandomai. Die Leute kamen aus den umliegenden Dörfern mit ihren vollbeladenen Booten hergefahren, und dann strömte ganz Mandomai auf den Markt.«

Die Tage waren für Ulrike intensiv und trotzdem gleichförmig. Gleichförmig, weil es nicht viel Ablenkung gab, wenig Möglichkeiten, Abläufe zu variieren oder einmal etwas ganz anderes zu machen. Lang waren besonders die Tage während der Regenzeit. Dann nämlich vermieden es die Menschen, aus ihren Häusern zu gehen. Das öffentliche Leben erlosch vollkommen, bis der Regen vorbei war.

Intensiv waren die Tage für Ulrike, weil Entwicklungszusammenarbeit kein Achtstundenjob ist. Die Aufgabe, der man sich verschrieben hat, ist nie erledigt. Ständig probiert man einen neuen Weg, manches klappt, vieles nicht, einiges funktioniert für eine Weile, bevor alte Muster mit Macht wieder durchbrechen. Ein Projekt, das Ulrike in dieser Zeit verfolgte, war der Aufbau einer kleinen Bibliothek für die örtliche Holzfachschule.

Sie erzählt mir eine kleine Geschichte, damit ich besser begreifen kann, was sie mit »intensiv« meint. Johannes hatte sich vorgenommen, die Außenwirkung der Holzfachschule zu verbessern. Zur Schule ge-

Johannes beim praktischen Unterricht

hörte ein kleiner Showroom, in dem die besten Arbeiten ausgestellt waren. Allerdings lag dieser Raum gut versteckt hinter der Schule. Mit einiger Mühe konnte Johannes die Schulleitung und die Lehrer davon überzeugen, den Showroom vor der Schule aufzubauen. Doch als die Familie von einem längeren Heimaturlaub zurückkehrte, war der Raum wieder hinter das Schulgebäude gewandert.

Intensiv war die Zeit für Ulrike auch wegen der kulturellen Unterschiede, die klar hervortreten, wenn man als mitteleuropäische Familie in einem kleinen Ort in Kalimantan lebt. Einiges war amüsant: »Die Leute haben mich oft gefragt, warum wir zu Hause so wenig miteinander reden würden. Ich wusste am Anfang gar nicht, wie sie darauf kamen. Es lag daran, dass ich so gerne allein auf der Terrasse saß, um zu lesen. Wenn die Leute mich dort sahen, bekamen sie Mitleid, weil sie dachten, niemand wolle Zeit mit mir verbringen.« Es gab aber auch größere kulturelle Herausforderungen – etwa den Umgang mit dem, was Ulrike als »beseelte Natur« bezeichnet: eine für westliche Menschen meist nicht wahrnehmbare Geisterwelt, die alles durchzieht und viele komplizierte Regeln und Verhaltensmuster einfordert. Von jedem, also auch von der Familie aus Deutschland.

Die Feierabende verbrachte Johannes gern auf der Terrasse seines Stelzenhauses. Sein Freund Panduh, ein Berufsschullehrer für Schreinerei, den er in Mandomai kennengelernt hatte, leistete ihm oft Gesellschaft. Der Dayak Panduh war in Kalimantan aufgewachsen und nach einigen Jahren in Jakarta und im Ausland nach Kalimantan zurückgekehrt. Gemeinsam blickten sie auf den Fluss, wo Boote über Boote, beladen mit Holz, an ihnen vorbeifuhren. »Schrecklich«, dachte Johannes. »Wie schade um den schönen Wald!« Sein zweiter Gedanke aber war: »Wie unwirtschaftlich! Wenn der Wald in diesem Tempo leer geräumt wird, dann sind die Schreiner, die wir hier ausbilden, und die gesamte Holz verarbeitende Industrie bald arbeitslos.« Und noch etwas ärgerte Panduh und ihn: Oft konnten sie für die Schüler nicht legal Holz beschaffen, weil auf den lokalen Märkten keines verfügbar war. Ihnen blieb nichts anderes übrig, als illegal geschlagenes Holz zu kaufen und sich nicht dabei erwischen zu lassen. Das klappte nicht immer, wie Panduh mir später erzählte.[8]

Beide sahen ein riesiges Problem auf Kalimantan zukommen. »Man müsste etwas dagegen tun. Am besten selbst Bäume pflanzen«, sagten sie während der Abende auf Ulrikes und Johannes' Balkon immer wie-

---

8 Panduhs Geschichte wird in Kapitel 13 geschildert.

Das Haus, in dem Johannes und Ulrike lebten

der zueinander. Aber: es gab keine Forsttradition in Kalimantan; man pflanzte dort keine Bäume, um später mit dem Holzverkauf ein Einkommen zu erwirtschaften. Wer Geld brauchte, ging Gold waschen oder ritzte Kautschukbäume an und übergab die gesammelte Masse dem örtlichen Gummihändler. Das genügte den Leuten. Und so verwarfen Johannes und Panduh ihre Idee wieder und blickten weiter den Schiffen mit den wunderschönen, wertvollen Rundhölzern nach.

Neben der fortschreitenden Entwaldung sah Johannes für die Dayak aber noch weitere Probleme am Horizont auftauchen: Kalimantan veränderte sich für viele von ihnen viel zu schnell. Nicht nur Infrastruktur und Technik brachen in ein Leben herein, das viele Jahre nach ähnlichen Mustern funktioniert hatte, sondern auch neue Überzeugungen

Rundholzlager am Fluss

und Ideen. Mitgebracht hatten sie unter anderem indonesische und chinesische Arbeitsmigranten, die seit einigen Jahren nach Borneo kamen. Die Bevölkerung wuchs pro Jahr um zehn Prozent. Zu viel in zu kurzer Zeit, sagen viele. Die Neuankömmlinge waren nicht überall beliebt, was auch daran lag, dass einige es nach nur wenigen Jahren in Kalimantan zu etwas gebracht hatten: Die Frauen vieler Arbeiter hatten kleine Gemischtwarenläden eröffnet und mit Geschäftssinn und Fleiß erfolgreich innerhalb kurzer Zeit diese Keimzellen der Marktwirtschaft etabliert.

1998 feierte Johannes gerade mit Freunden in Jakarta seinen Geburtstag, als draußen Chaos ausbrach: Panzer rollten durch die Straßen, Menschen wurden ermordet. Aus einem friedlichen Studentenprotest hatte sich nach der Erschießung von vier Demonstranten ein Konflikt mit dem Militär entwickelt. Kurz darauf geriet die Situation außer Kontrolle. Es folgten Brandanschläge, Plünderungen ganzer Stadtteile und gewalttätige Ausschreitungen, die über 1000 Todesopfer zur Folge hatten. Am Ende sah sich Suharto nach über 30 Jahren an der Macht zum Rücktritt gezwungen. In diese Periode fiel auch der rasante Absturz der indonesischen Rupiah, die nun nur noch einen Viertel ihres ursprünglichen Wertes besaß. Die Inflation beschreibt Johannes als eines der prägendsten Ereignisse seines Lebens. Viele seiner Freunde verloren ihre Arbeit. Das eher geringe Missionsgehalt auf der Basis von Schweizer Franken besaß auf einmal ein Vielfaches seines ursprünglichen Wertes. Johannes erschien das alles völlig willkürlich.

Ein Jahr später war Johannes zum ersten Mal in der Gegend, in der heute das »One Million Trees«-Projekt angesiedelt ist. Die Dayak in Tubang Talaken hatten ihr Dorf bisher selten verlassen. Das Reisen war hauptsächlich dem Kautschukhändler vorbehalten, der die Erträge der Bauern Richtung Küste transportierte. Aber auch wenn die Moderne noch nicht so tief ins Landesinnere vorgedrungen war wie heute, war es nur eine Frage der Zeit, bis sich das ändern würde.

»Ich habe nie über diese fünf Jahre hinausdenken müssen«, sagt Johannes. Fünf Jahre sind für einen jungen Menschen eine lange Zeit, für einen Missionseinsatz ist es eine normale Dauer. Genau das ist es, was Johannes an der Mission so schätzt: Langfristigkeit und Beziehungsaufbau. Im Mittelpunkt steht der Mensch. Er wird nicht nur für einen von vornherein definierten Projektzeitraum unterstützt, sondern solange es nötig ist.

»Natürlich besteht das Risiko, dass Menschen in die Abhängigkeit der Unterstützung geraten«, räumt Johannes ein. Denn gerade durch die Langfristigkeit von Missionsprojekten kann sich ein System etablieren, das Menschen dauerhaft abhängig macht. Alles hat mindestens zwei Seiten. Johannes hat sich inzwischen kritisch mit der Mission und ihren Auswirkungen auseinandergesetzt. Er erzählt von Dokumenten aus dem Archiv der Basler Mission, in denen frühere Missionare stolz berichten, wie viele Seelen sie gesammelt haben. Die Mission hat Kalimantan auch Narben zugefügt. Trotzdem findet Johannes die Zusammenarbeit mit den Kirchen vor Ort weiterhin sinnvoll. Ein Grund dafür: Es gibt eine verlässliche Kontinuität. Der Geistliche ist finanziell gut versorgt und kann sich deshalb voll und ganz auf seine Aufgabe konzentrieren. In der Mission sieht Johannes eine Lebensaufgabe, auch wenn sich ihr Charakter ändert. Die Entwicklungszusammenarbeit, die er heute mit seiner Organisation Fairventures Worldwide betreibt, fußt auf dieser Tradition.

Auch heute ist der Einfluss der Kirche in Kalimantan nicht zu unterschätzen. Sie ist ein entscheidender Multiplikator, wenn es darum geht, die Menschen in den Dörfern zu erreichen. Johannes hat den Kontakt zur Kirche immer gesucht. Der heutige Bischof von Zentralkalimantan war damals Jugendreferent und freundete sich mit Johannes an. Alle Kirchenpräsidenten aus dem Projektgebiet waren seitdem schon bei seiner Mutter daheim zum Essen eingeladen.

Was ist das also für ein Mensch, der so ungern ausgetretenen Pfaden folgt? Eine Anekdote, die Johannes eher nebenbei erzählt, lässt es erahnen: Er schildert, wie er seinen ersten Baum gefällt hat. Es war kein kleines Bäumchen, sondern ein Urwaldriese. Niemand begleitete ihn oder gab ihm fachkundige Anweisungen. Er fällte den Baum ganz allein im Wald, nachdem ein schlimmer Sturm Schäden verursacht hatte. »Wenn ich heute daran denke, schüttelt es mich manchmal«, erzählt er lachend, »aber so ist das eben. So habe ich es oft gemacht. Ich fange etwas an und glaube daran, dass ich es schon irgendwie hinkriege.«

Wenn Johannes von seinem Leben erzählt, fällt mir auf, dass er nicht nur sich selbst etwas zutraut, sondern auch anderen Menschen.

Ich will mehr wissen. Mich treiben Fragen um, die vermutlich jeden beschäftigen, der über Entwicklungszusammenarbeit nachdenkt. »Wie kann es eigentlich sein, dass erst durch eure Initiative in Kalimantan Sengon, eine indonesische Spezies, als Pionierpflanze gepflanzt wurde? Wie ist es möglich, dass es davor kaum alternative Landnutzungskonzepte gab, keine Idee, was man mit den degradierten Flächen machen kann? Warum ist die indonesische Regierung hier nicht aktiv geworden? Das kann doch nicht sein.«

»Das regt mich auf«, sagt Johannes, »und ich frage mich so oft: Warum forschen so wenige Leute zu diesen wichtigen Themen? Warum müssen wir das alles selbst in Erfahrung bringen? Warum müssen wir Testfelder anlegen und verschiedene Abstände zwischen Pflanzlöchern ausprobieren?« Fragen, die nicht an die Bevölkerung von Borneo gerichtet sind, sondern an die indonesische Regierung, deren Engagement für Kalimantan bislang eher gering war. Entwicklungszusammenarbeit erfordert eine hohe Frustrationstoleranz.

Auch Ulrike hat ein Fazit aus ihrer Zeit in der Entwicklungszusammenarbeit gezogen: »Es braucht einen sehr langen Atem, um ein bestehendes System zu verändern. Aber es lohnt sich immer, in Menschen zu investieren. Sie tragen die Ideen weiter. Und man macht Erfahrungen, es geht immer weiter. Man lernt daraus für die Zukunft.«

Kapitel 5

Neuer Einstieg in die Entwicklungszusammenarbeit

Als sich seine Arbeit in Indonesien dem Ende zuneigte, ergab sich für Johannes eine neue Chance: Die Schweizer Stiftung Swisscontact, die weltweit in der Entwicklungszusammenarbeit tätig ist, wollte einen deutschen Zweig eröffnen. Johannes sollte die Vertretung in Deutschland aufbauen. Er nahm das Angebot an.

»Dann stand ich da allein auf der grünen Wiese«, erzählt er, »ich hatte eine Chance bekommen und war froh darüber, aber ich hatte auch keine Ahnung, was als Nächstes zu tun war.« Also schrieb er sich in ein MBA-Programm ein, um zu lernen, wie man Strukturen aufbaut. Ein Glücksfall, denn dort konnte er die neue Organisation in Hausarbeiten und Fallstudien einmal komplett durchdeklinieren. Wie viel Struktur ist gut, wie agil muss eine Organisation sein? Johannes fühlte sich durch die Vorgaben der Schweizer Stiftung eingeengt. Er wollte alles selbst machen, eigene Ideen umsetzen. Deshalb beschloss er, einen Schritt weiterzugehen, und gründete seine eigene Organisation: Fairventures Worldwide.

Nun ein kleiner Exkurs zu Entwicklungszusammenarbeit und Umweltschutz: Nachdem ich angefangen hatte, genauer hinzusehen, fiel mir auf, dass zwar viele Akteure in eine ähnliche Richtung wollen, die Ansichten über den richtigen Weg dorthin aber weit auseinanderliegen. Manche haben eigene Projekte, andere fördern fremde Projekte; die Laufzeiten sind ganz unterschiedlich; aus dem komplexen Zusammenspiel vieler Faktoren wird einer herausgegriffen: Bildung, Medizin, Wirtschaft, eine bestimmte Tier- oder Pflanzenspezies, ein Dorf, ein Gebiet und so weiter … Manche Organisationen arbeiten an Projekten, andere betreiben Kampagnen, versuchen ihr Anliegen in die Öffentlichkeit zu bringen und zu Politik zu machen. Eigentlich handelt es sich dabei um eine Art Arbeitsteilung, auch wenn die Organisationen das selbst vielleicht nicht so nennen würden: Die einen schaffen ein Bewusstsein für die Missstände, die anderen erarbeiten Projekte, um etwas an den Missständen zu verbessern. Wichtig ist beides. Dabei sind sehr viele, aber nicht alle Kampagnen und Projekte gut, sinnvoll oder auch nur nützlich. Die NGO-Szene ist in vielerlei Hinsicht diverser, als ich früher geglaubt hätte.

Johannes hat sich lange mit den unterschiedlichen Herangehensweisen auseinandergesetzt und daraus Schlüsse für seine eigene Organisation gezogen. Keinesfalls wollte er eine weitere Kampagnen-NGO ins Leben rufen: »Natürlich gibt es auch gute Kampagnen. Allerdings sind viele rückwärtsgewandt und undifferenziert. Da wird nur die Natur und nicht der Mensch gesehen, und manchmal ist es auch andersherum. Eines geht aber nicht ohne das andere. Kritisch finde ich vor allem die Flagship-Kampagnen.[9] Sie vereinfachen die Dinge sehr stark.«

Außerdem strebte Johannes eine klare Hinwendung zur Marktwirtschaft an.

---

9 Sogenannte Flagship-Kampagnen verwenden ein Symbol, etwa ein Tier wie den Orang-Utan, hinter dem dann, um bei der Schiffsmetapher zu bleiben, eine ganze Flotte an Aspekten hersegelt. Das Flaggschiff dient dazu, Aufmerksamkeit zu erregen und zu bündeln. Über das Tier werden die komplexen Zusammenhänge seines Lebensraums boulevardisiert und damit für die Medien und die Öffentlichkeit interessant gemacht.

Heute gibt es immer häufiger Kooperationen zwischen Unternehmen und Organisationen, während diese Form der Zusammenarbeit früher kaum denkbar gewesen wäre. Dafür war die Polarisierung zwischen Wirtschaft und NGOs zu stark ausgeprägt.

Aber nicht nur die Haltung zu Partnern aus der Wirtschaft hat sich geändert. Bei immer mehr Projekten ist man bestrebt, nicht mehr von einem kontinuierlichen Fluss von Spendengeldern abhängig zu sein. Projekte sollen sich irgendwann selbst tragen, müssen also wirtschaftlich sein und haben ökonomisches Denken als Grundprinzip verankert.

Und ein weiterer Aspekt war Johannes bei seiner eigenen Organsiation wichtig: »Für mich stimmt die Maslow'sche Bedürfnispyramide«, erklärt er, »Wer nichts im Bauch hat, kann sich auch nicht für den Schutz des Waldes einsetzen.« Daraus folgt für Johannes, dass der Mensch der zentrale Punkt ist, von dem alle Bemühungen ausgehen. Und daraus ergibt sich auch eine weitere Überlegung: Es gilt, nicht bei den Ärmsten anzusetzen, sondern bei denen, die genug zu essen haben und über einen für lokale Verhältnisse bescheidenen Wohlstand verfügen. Diese Menschen, so die Hoffnung, haben Kapazitäten frei und können die Entwicklung für alle vorantreiben.

Im Fall von Kalimantan sind das Kleinbauern, die formell oder informell Land besitzen.[10] Bis die Organisation zu dieser Ausrichtung gelangte, musste viel ausprobiert und gelernt werden. Ein Prozess, der für Johannes nicht abgeschlossen ist. Fehler machen zu dürfen ist ihm wichtig – um dann daraus zu lernen.

10 Die Landrechtssituation und die Besitzverhältnisse in Kalimantan werden in Kapitel 10 näher beleuchtet.

Kapitel 6
Eine Million Bäume pflanzen

Sind wir den uns nachfolgenden Generationen eigentlich etwas schuldig? Eine Grundsatzfrage, die wohl die meisten Menschen mit einem klaren Ja beantworten würden. Allein schon deshalb, weil sie selbst Kinder haben und sich wünschen, dass ihre Kinder in einer lebenswerten Welt groß werden dürfen. Dafür reicht es nicht, dass es nur den eigenen Kindern gut geht. So weit sind sich, das behaupte ich einfach, die meisten einig. Eine andere Argumentationslinie, die zu diesem Ja führt, ist, sich anzuschauen, was die vorherigen Generationen für uns getan haben. Nicht nur Gutes natürlich, sie haben schlimme Kriege zu verantworten. Aber sie haben auch die großen Herausforderungen ihrer Zeit angepackt und die Welt für uns verbessert, zum Beispiel in den Bereichen Medizin, Bildung, Wohlstand und Sicherheit. Daraus können wir die Verpflichtung ableiten, die größten Herausforderungen unserer Zeit anzugehen: Ressourcenübernutzung, Klimawandel und damit einhergehende soziale Ungerechtigkeiten. Diesen Gedanken legen viele Akteure in der Entwicklungszusammenarbeit zugrunde, so auch Fairventures.

Im Fall des »One Million Trees«-Projekts heißt das: Etablierung von Agroforstsystemen und Aufbau nachhaltiger Geschäftsmodelle entlang der Wertschöpfungskette. Das Projekt ist eine Art groß angelegter Modellversuch. Im Kleinen soll gezeigt werden, was im Großen möglich ist. Für das Kleine wird eine Laufzeit von sieben bis zehn Jahren veranschlagt. In dieser Zeit sollen sich die Bäume vom Setzling zum erntereifen Baum entwickeln. Außerdem soll eine gute Akzeptanz bei den Märkten und der weiterverarbeitenden Industrie erreicht werden.

Dort, wo früher Regenwald war, gibt es heute in Kalimantan viele freie Flächen. Theoretisch könnten sie für den Ackerbau verwendet werden. Ab und zu geschieht dies auch, doch ohne befriedigende Ergebnisse. Die Hauptursache dafür ist der Zustand der ehemaligen Waldböden: Sie sind degradiert und kaum mehr fruchtbar.[11] Versuche, hier Gemüse anzubauen, müssen unter diesen Bedingungen fast zwangsläufig scheitern. Formell oder informell gehören die Flächen Kleinbauern.[12] Das Herzstück des »One Million Trees«-Projekts ist die Idee, diese Flächen wieder aufzuforsten – gewinnbringend für den Kleinbauern, sodass es eine gute, finanziell und ökologisch nachhaltige Alternative zum Verkauf der Fläche gibt.

Damit auf den degradierten Böden wieder etwas wachsen kann, bedarf es einer Pionierbaumart. Eine Spezies, die das leisten kann, ist der in Indonesien heimische Sengon, der an seinen Wurzeln Stickstoff anreichert und so die Bodenqualität verbessert. Der Sengon wächst extrem rasch: Innerhalb der ersten zwölf Monate kann der 30 Zentimeter große Setzling mehrere Meter hoch werden.

Nach nur sieben Jahren hat der Stamm einen Durchmesser von 30 Zentimetern erreicht. Aber schon lange davor hat der Sengon den Boden und das Mikroklima so weit verbessert, dass zwischen den einzelnen Bäumen sogenannte Zwischenfrüchte angepflanzt werden können. Sie dienen der Ernährungssicherheit und verhelfen den Bauern zu einem Einkommen, mit dem sie die Zeit bis zur ersten Holzernte überbrücken können.

---

11 Siehe dazu Kapitel 10.
12 Auch dazu mehr in Kapitel 10.

Einjährige Sengonbäume

Der Sengon ist der Protagonist dieser Geschichte. Wichtige Nebenrollen haben aber auch andere schnell wachsende Baumarten, wie etwa der rote Jabon oder künftig vielleicht die Akazie. Bäume und Zwischenfrüchte profitieren voneinander. Dieses gemischte Pflanzsystem nennt man »Agroforstwirtschaft«.

Kleinbauern sollen qualifiziert über eine mögliche Teilnahme an dem Programm entscheiden können. Bei einer Informationsveranstaltung und in Gesprächen können sie sich im Vorfeld informieren. Wer mitmachen möchte, schlägt seine Flächen für das Projekt vor.

Forstspezialisten von Fairventures prüfen die Flächen auf ihre Eignung und legen weitere Kriterien fest. Neben der grundsätzlichen Eig-

Informationsveranstaltung für interessierte Kleinbauern

nung ist eine wichtige Bedingung, dass es sich tatsächlich um degradierte Flächen handelt, auf denen sich keine Vegetation in einem fortgeschrittenen Stadium befindet. Wenn alle Kriterien erfüllt sind, besiegelt eine schriftliche Vereinbarung die Projektteilnahme. Die nächste Regenzeit ist der geeignete Zeitpunkt, um zu pflanzen, weil dann die Setzlinge mit größerer Wahrscheinlichkeit anwachsen. In Trainings werden die Kleinbauern auf ihre neue Aufgabe vorbereitet.

Parallel produziert die nächstgelegene in das Projekt eingebundene Baumschule Sengonsetzlinge, die die Teilnehmer kostenlos erhalten. Gemeinsam werden etwa 1000 Bäume pro Hektar in einem Abstand von drei mal drei Metern gepflanzt.

Im ersten Jahr ist die Betreuung durch Fairventures engmaschig: Die Projektteilnehmer werden bei allen Aktivitäten, die sie zum ersten Mal

Eine Baumschule

ausführen, begleitet. So etwa wenn zum ersten Mal die organische Düngung der Pflanzlöcher ansteht.

In den darauffolgenden Jahren werden die Besuchsintervalle größer. Ein wichtiges Ereignis ist die erste Durchforstung nach drei bis vier Jahren. Die Pflanzung wird ausgedünnt, damit der Sengon, der sich gut entwickelt hat, in den nächsten Jahren noch besser wachsen kann. Nach sieben bis zehn Jahren ist der Sengon bereit für Ernte und Verkauf. Wenn ein Bauer mehrere Jahre lang in jeder Pflanzsaison auf einem anderen Feld Sengonsetzlinge ausgebracht hat, pendelt sich ein Zyklus aus Ernte, Gewinn, Neupflanzung oder Wurzelaustrieb und Bewaldung ein. Die jährliche Holzernte generiert dann ein relativ sicheres Einkommen, das auch Investitionen – zum Beispiel in Geräte – ermöglicht und es den Bauern erlaubt, die nächste Generation Sengonsetzlinge selbst zu

Training der Bauern

erwerben. Daher sind die Bauern spätestens nach einem Zyklus nicht mehr auf Betreuung und Unterstützung angewiesen. Sie verfügen nun selbst über das notwendige Wissen und die erforderlichen Mittel. Da jedes Jahr nur ein Feld beerntet wird, bleiben Biodiversität und positive Auswirkungen auf das Klima wegen der anderen bewaldeten Flächen insgesamt hoch.

Die an dem Projekt beteiligten Bauern haben das Recht, vieles selbst zu entscheiden, etwa ob und, wenn ja, welche Zwischenfrüchte sie anpflanzen oder ob sie ihre Sengonpflanzung mit anderen Baumarten durchmischen. Man empfiehlt ihnen, neben Zwischenfrüchten etwa zehn Prozent andere Baumarten zu pflanzen. Als Zwischenfrucht eignen sich zum Beispiel Kakao, weil die Schattenpflanze gut unter den Bäumen wächst, oder Erdnüsse, nach denen es eine große Nachfrage gibt. Weitere Zwischenfrüchte, die schon angebaut wurden, sind Kurkuma, Ingwer, Pfeffer, Kaffee, Zwiebeln, Chili, Knoblauch, Papaya und Auberginen. Manches davon funktioniert gut, anderes, wie der Pfeffer, war weniger erfolgreich. Es ist ein stetiges Ausprobieren und Beobachten.

Als ich ein paar verschiedene Felder besichtigte, fielen mir große Unterschiede auf: etwa beim Wachstum der Bäume, der Sterberate der Setzlinge oder einfach nur bei den Bedingungen, unter denen auf dem jeweiligen Feld gearbeitet werden kann. Wichtige Faktoren sind etwa, wie weit entfernt die nächste Wasserquelle ist, um was für einen Boden es sich handelt oder ob das Gelände eben oder steil ist. Auf unebenem Gelände wird der organische Dünger, der den Setzlingen beim Wachsen helfen soll, leichter vom nächsten Regen weggeschwemmt als auf einer Ebene. Auch die Vegetation in der Umgebung hat teilweise einen Einfluss darauf, wie sich der Sengon entwickelt. Daher ist es schwierig, vergleichbare Datensätze zu generieren. Aus diesem Problem erwuchs ein neues Aufgabenfeld: Monitoring, Datenerhebung und Anlegen von Testfeldern, um mehr über Parameter wie Bodenbeschaffenheit, Abstand von Pflanzlöchern oder Dünger zu lernen. Diese Daten fließen jährlich in eine Webmap ein.[13] Neben den Informationen zu den Sengonbeständen der einzelnen Bauern sind auf dieser Karte auch ihre Felder eingezeichnet – mit Geotag. Im Konfliktfall kann so zumindest der gewohnheitsrechtliche Anspruch des Bauern auf die jeweilige Fläche nachgewiesen werden. Die Webmap ist die Basis für zukünftige Entwicklungen. So etwa für eine App, die als Marktplatz für Holz dient, Empfehlungen zum richtigen Erntezeitpunkt gibt, Dünger und Geräte in Umlauf bringt und die zu erwartende Sengonernte als Sicherheit für

13 Siehe www.webmap.fairventures.openforests.com/map?lang=de&sidebar=about.

Geschäfte gegenrechnet. Mithilfe dieser App könnte beispielsweise ein Kleinbauer, der eine Maschine für die Bearbeitung seiner Felder kaufen möchte, im Gegenzug einen Teil seiner zu erwartenden Holzernte digital als Sicherheit hinterlegen oder das Holz sogar schon vorab verkaufen. Außerdem wäre ihm der ungefähre Wert seiner Pflanzung bekannt. Mit diesem Wissen könnte er gestärkt in Verhandlungen mit Holzhändlern gehen.

Von Anfang an war das »One Million Trees«-Projekt marktorientiert ausgelegt. Die Nachfrageseite ist elementar, damit die Gleichung am Ende aufgeht. Zu den Aufgaben gehört also auch, Kontakte zur Holz verarbeitenden Industrie zu knüpfen und den Imagewandel der schnell wachsenden Leichthölzer voranzutreiben.[14] Zu diesem Zweck hat Fairventures eine Kooperation mit der Indonesian Lightwood Association gestartet. Man organisiert Veranstaltungsreihen, präsentiert Leichtholz auf Messen und bringt sich in den Bereichen nachhaltiges Bauen und nachhaltige Gebäudetechnik ein.[15]

Das »One Million Trees«-Projekt zielt nicht nur auf die Wiederaufforstung brach liegender Flächen. Es soll auch indirekt zum Schutz des bestehenden Waldes beitragen, indem Druck von ihm genommen wird, da für die Menschen andere Einkommensquellen erschlossen werden. Da es nicht nur Primärwald oder degradierte Flächen in Kalimantan gibt, sondern auch viele teildegradierte Flächen und Sekundärwald,[16] besteht eine der größten Herausforderungen darin, für diese Wälder eine wirtschaftliche Rechtfertigung zu finden, damit sie nicht verschwinden. Eine solche Rechtfertigung könnte der dort wachsende Rat-

14 Mehr zum Thema Leichthölzer in Kapitel 10.1.

15 Siehe www.lightwood.org.

16 Siehe dazu Kapitel 12.

tan sein. Ob und wie weit die Ernte und Weiterverarbeitung von Rattan, etwa in der Möbelindustrie, Sekundärwälder schützen kann, wird aktuell noch untersucht.

Neben all diesen großen Themen gehört auch die Arbeit an vielen Nebenthemen dazu, beispielsweise die Verbesserung der Kompostierung, Gründüngung und Samenqualität. Als ich langsam ahne, wie viele Dinge da gleichzeitig laufen, frage ich mich, ob Fairventures sich nicht verzettelt; vor allem weil das Projekt zu diesem Zeitpunkt gerade einmal fünf Jahre alt ist. Aber je mehr sich mir die Zusammenhänge erschließen, desto stärker leuchtet mir dieser Tatendrang ein. Man zielt auf ein sich entwickelndes Ökosystem. Vieles passiert gleichzeitig, manches im Übermaß, manches wird vernachlässigt, einiges klappt, anderes nicht, aber am Ende hat jedes Detail seinen Sinn und seine Funktion.

Ganz unabhängig davon ist die Zeit, in Kalimantan etwas grundlegend an der Situation zu verbessern, knapp. Die Entwaldung schreitet schnell voran, große Gebiete, auf denen man hätte aufforsten können, werden an die Palmölindustrie verkauft, das Ökosystem wird Tag für Tag weiter zerstört, und die Ressourcen der Insel werden immer stärker ausgebeutet. Keine Zeit also, um erst einmal fünf Jahre vom Schreibtisch aus zu planen, bevor man den ersten Baum pflanzt.

Kapitel 7
In Kalimantan

Nicht erst als ich in das Flugzeug steige, ist mir die Ironie dessen bewusst, was ich da tue: Ich fliege in eine Region dieser Erde, die ganz besonders stark vom Klimawandel betroffen ist. Und mein Flug dorthin macht für die Menschen nichts besser. Wieder ein bisschen mehr CO_2 in der Atmosphäre. In Kalimantan ist die Veränderung des Klimas leicht belegbar: Die älteren Dayak erzählen, dass es vor ein paar Jahrzehnten noch nicht so heiß war wie heute. Der Temperaturanstieg liegt vor allem am fehlenden Wald. Und so wie es momentan aussieht, wird es noch eine Weile so weitergehen.

Ich lande in Palangka Raya, der Stadt, der seit Jahrzehnten immer wieder nachgesagt wird, dass sie der neue indonesische Regierungssitz werden könnte, wenn Platzmangel und ein steigender Wasserspiegel die Regierung zwingen, Jakarta zu verlassen. Schon heute befinden sich 40 Prozent der Insel Java unter dem Meeresspiegel. In Jakarta und dem Umland der Stadt leben inzwischen 30 Millionen Menschen. Der Verkehr ist kaum mehr in den Griff zu bekommen.

Einige symbolische Handlungen deuten darauf hin, dass der geplante Umzug bald Realität werden könnte: Der indonesische Präsident Jokowi war sogar zu Besuch in einem Dorf des Projektgebiets von »One Million Trees«. Als ich in Palangka Raya mit den anderen Fluggästen kreuz und quer über das kleine Rollfeld mit den Rissen im Teer laufe, kann ich mir noch nicht so richtig vorstellen, dass hier bald Delegationen landen sollen.

Panduh, der damals in Mandomai zusammen mit Johannes den Booten mit den Rundhölzern nachblickte, leitet heute den indonesischen Zweig von Fairventures. Mit ihm und seinen Mitarbeitern fahre ich zum ersten Mal in das Projektgebiet. Ich bin aufgeregt. Die Straße wird schnell löchriger, die Häuser vereinzeln, am Wegesrand sieht man immer wieder Stände mit aufgetürmten Durian-Früchten, dann hört auch das auf. Mein Magen macht kleine Sprünge, wenn wir durch Schlaglöcher und über geborstenen Teer fahren. Für die anderen ist die Fahrt eher eintönig. Sie legen diese Strecke zum Teil mehrmals in der Woche zurück.

Ich schaue die ganze Zeit aus dem Fenster. Wir kommen an verkohlten Landstücken vorbei. Brandrodung ist ein effektives Mittel, um das Land neu zu bewirtschaften. Die Nährstoffe bleiben dem Boden erhalten, und die Fläche ist frei für Neubepflanzung. So gern ist diese Praxis in den letzten Jahren nicht mehr gesehen, erklärt mir Indra, einer der für das Projekt zuständigen Förster. Zum einen, weil die Feuer außer Kontrolle geraten können, zum anderen aber auch, weil bestehende Vegetation vernichtet wird. Viele Brandspuren sind schon älter, ein paar neuere sind aber auch darunter. Manchmal sieht man auf kleineren Flächen von ein bis zwei Hektar Ansammlungen von Bäumen. Definitiv kein Wald, aber besser als nichts.

Indra sagt, dass Brandrodung heute illegal sei.[17] Trotzdem findet sie ständig statt. Ab und zu deutet Panduh erregt zum Straßenrand: »Schau mal, Sengon! Die Leute haben von unserem Projekt gehört und pflanzen ihn selbstständig!«

---

17 In Kalimantan wird heftig darüber diskutiert, ob es gerecht ist, dass Kleinbauern eine jahrtausendealte Methode, die von Generation zu Generation weitergegeben wurde, nicht mehr anwenden dürfen. Aktuell ist die Gesetzeslage aber eindeutig: Brandrodung ist nicht erlaubt.

In Kalimantan, wo es keine forstliche Tradition gibt, ist das eine kleine Revolution. Panduh kann sich gar nicht darüber beruhigen. Und natürlich sehe ich Ölpalmen. Kilometerweit Ölpalmen.

Ich hatte absolut keine Vorstellung davon, wie schnell Pflanzen in den Tropen wachsen. Das wird mir klar, als ich versuche, den anderen zu folgen, aber kaum vorwärtskomme. Farne, Gestrüpp und Pflanzen, die ich nicht kenne, reichen mir bis zur Hüfte und versperren mir den Weg. Wir sind auf dem Feld von Maria, einem Projektteilnehmer. »Auf« ist vielleicht die falsche Präposition: »In« erscheint mir passender. Ich weiß nicht mehr, wie ich mir zu Hause ein Feld in den Tropen vorgestellt hatte, wohl eher wie einen kleinen süddeutschen Acker, auch wenn das natürlich naiv ist. Aber auf keinen Fall hatte ich eine so üppige Vegetation erwartet. Und irgendwo dazwischen wachsen zarte Sengonpflanzen. Ich sehe sie kaum und hoffe, dass ich sie nicht versehentlich umtrete.

Vor drei Wochen hat Maria sein Feld komplett freigeräumt. Alles, was mir hier das Laufen schwer macht, ist seitdem gewachsen. Noch dazu ist gerade Regenzeit, der Boden ist völlig durchweicht. Ich sinke an einigen Stellen bis zu den Knien ein und verliere so oft meine Schuhe im Matsch, dass ich schließlich aufgebe und sie ausziehe. Ich versuche, nicht an Schlangen zu denken, und denke natürlich doch daran.

Das Feld ist etwa 20 Hektar[18] groß, die Luft feucht und heiß. Es muss enorm hart sein, hier zu arbeiten. Ich bewundere Maria und die anderen Bauern dafür, dass sie diese Mühe auf sich nehmen, statt ihren Grund zu verkaufen und von dem Geld eine Weile bequem zu leben. Langfristig ist das sicher die weitaus bessere Alternative, aber den Verlockungen des schnellen Geldes zu widerstehen stelle ich mir hier nicht leicht vor.

---

18 Ein Hektar ist etwa so groß wie ein Fußballfeld.

Das nächste Feld, das wir besuchen, lag vor Beginn des »One Million Trees«-Projekts brach, erzählt mir Panduh. Früher war die Fläche von einer landwirtschaftlichen Schule genutzt worden, aber als es mit der Schule bergab ging, arbeitete auch niemand mehr auf dem Feld. Dabei ist der Boden gut – ein Luxus, über den viele ehemals bewaldete Flächen in Kalimantan heute nicht mehr verfügen. Für mich ist es nicht ganz leicht zu verstehen, warum diese Fläche so viele Jahre ungenutzt blieb. »Tja«, sagt Panduh, »die Leute sagen sich, es ist viel Arbeit, und ich habe auch so genug zu essen. Es gibt ein Dayaksprichwort: ›Wenn du in Kalimantan verhungerst, bist du selbst schuld.‹« So war es zumindest für viele Generationen von Dayak: Früchte von Bäumen, Fische aus dem Fluss, Wild aus dem Wald, Rattan und Bambus, dazu Blattgemüse – all das musste man sich einfach nur holen, wenn man es brauchte. Leben von der Hand in den Mund ohne das Gefühl von Mangel. Leben im Augenblick, nicht in der Zukunft. Diese Sichtweise hat die Dayak nachhaltig geprägt. Das höre ich während meiner Reise immer und immer wieder, von Dayak wie auch von Menschen, die aus anderen Regionen nach Kalimantan gekommen sind. Einige der Zugezogenen benutzen das Wort »faul«. Doch das traditionelle Denken der Dayak setzt voraus, dass man sich auf die Natur verlassen kann. Und auf sein Umfeld: dass sich niemand über die Maßen viel nimmt. Was aber, wenn die Flüsse vergiftet sind, wenn die Wälder weit weg oder abgeholzt sind oder eigentlich nicht genutzt werden dürfen? Die aktuelle Gesetzeslage erlaubt den Dayak die Nutzung in vielen Fällen nicht – wegen umstrittener Besitzverhältnisse oder auch Umweltschutzauflagen, die oft nicht mehr so streng gehandhabt werden, sobald eine Firma auf den Plan tritt. Was, wenn sich dort, wo früher Obstbäume standen, heute eine Plantage befindet, die einer Firma gehört? Dann wird diese Prägung zum Hindernis. Die Spielregeln haben sich geändert, aber eine Mentalität wandelt sich nicht so schnell.

Was sich auch gewandelt hat, sind die Ansprüche: Elektrizität, Roller und Handy gehören jetzt für immer mehr Menschen dazu. Selbst dann, wenn man in einer Gegend lebt, wo es keinerlei Mobilfunkempfang gibt. So langsam bekomme ich ein Gefühl für die verschiedenen komplexen Facetten der Entwicklungszusammenarbeit.

Am deutlichsten wird mir die Mentalität am Umgang der Dayak mit der Durian. Eine Frucht, deren Geschmack so eigen ist, dass ich ihn unbeschreiblich finde – genau wie ihren Gestank. In Kalimantan liebt man die Durian, das ganze Jahr fiebert man auf die Ernte dieser Früchte hin. Wer einen Durianbaum in seiner Nähe hat, hat Glück. Wer nicht, bezahlt einen astronomischen Preis für die stachelige Frucht. Kinder schwänzen die Schule, um unter den riesengroßen Bäumen stundenlang darauf zu warten, dass eine reife Frucht herunterfällt. In fast jedem Haus, das ich betrete, liegen Durian in der Ecke und werden nach wenigen Minuten aufgeschnitten. Ich soll essen – »Makan Durian«. Mir schmeckt die Durian. Glück für mich: Viele Westler sind da anderer Meinung. Doch nach ein paar Stücken bin ich satt. Das sage ich auch, aber trotzdem werden immer weiter Durian aufgeschnitten. Sogar mehrere gleichzeitig. Niemand scheint sich zu fragen, wie viel die Gäste essen möchten, das Servieren geht immer weiter; es sind ja noch Durian da. Die Freude am Teilen und Bewirten und an der Geselligkeit scheint stärker zu sein als der Wunsch, auch morgen noch Durian zu essen. Ich habe ein schlechtes Gewissen, weil ständig so viele der geliebten Früchte für mich aufgeschnitten werden, aber niemand lässt sich davon abhalten.

Das Leben in den ländlichen Gebieten wirkt auf mich einfach. Nicht im Sinne von leicht, sondern im Sinne von elementar. Aus einer europäischen Perspektive würde ich das, was ich sehe, Armut nennen. Trotzdem wohnt jeder in einem Holzhaus mit seinem Familienverband zusammen, es gibt genug zu essen, und man kümmert sich umeinander. Tagsüber stehen alle Haustüren offen. Möchte man jemanden besuchen, tritt man einfach durch die offene Tür ein. Irgendwer ist immer zu Hause, meist sitzt jemand auf der Veranda oder vor dem Haus. Das Dorf ist ein Organismus. Alle stehen im stetigen Austausch, wie einzelne Zellen eines Gesamten. Man geht an keinem Haus vorbei, ohne ein paar Worte mit den Leuten zu wechseln. Selbst kurze Wege dauern dadurch lange. Hektik kommt nicht auf, die Tage plätschern so dahin.

Man steht sehr früh auf und geht früh ins Bett. Meistens schlafen alle auf dem Boden verteilt im gleichen Raum. Allein scheint keiner je zu sein. Es kommt mir vor, als könnte ein Dayak am besten schlafen, wenn um ihn Leben ist. Ich dusche, indem ich mir in einem Bretterverschlag auf der Terrasse einen Eimer Wasser über den Kopf kippe. Dabei verjage ich mit dem Fuß immer wieder einen aufdringlichen Hahn und lache in mich hinein.

Für mich als Besucherin ist das alles faszinierend. Ich genieße das Elementare und die Ruhe, aber nur auf begrenzte Zeit. Denn in einem Monat werde ich zurück sein in meiner Stadtwohnung mit Strom, um mich herum Supermärkte, S-Bahnen, Ärzte und verschiedenste Lebensentwürfe. Zwar habe ich jetzt eine Vorstellung davon, wie der Alltag in ländlichen Gegenden Kalimantans aussieht, aber ich weiß nicht, wie er sich für die Menschen dort anfühlt. Und so bleiben kann es sowieso nicht. Dafür haben sich die Umstände zu stark geändert, und das Geld ist zu wichtig geworden.

Ein typisches Dorf in Kalimantan in der Nähe des Projektgebiets

Kapitel 8

Was von der Tradition geblieben ist

Wenn früher eine neue Brücke gebaut wurde, hatten die Menschen in der Umgebung Angst um ihre Babys. Unter einen der Pfeiler gehörte nämlich ein Babykopf. Dieser Kopf sorgte dafür, dass die Brücke für alle anderen, die sie überquerten, sicher war. Heute muss wegen eines Brückenbaus in Kalimantan niemand mehr Angst um seine Kinder haben. Höchstens vielleicht um eines seiner Hühner, deren Köpfe nun manchmal als Ersatz dienen.

Als ich die Geschichte vom Kinderopfer zum ersten Mal höre, verdränge ich sie sofort wieder. Ich will und kann in diesem Moment nicht darüber nachdenken. An vielen Tagen bin ich von der Menge dessen, was auf mich einströmt, überfordert. Wie gerne würde ich öfter mal die Zeit anhalten und meine Eindrücke sortieren. Später dann.

Früher brachten die Dayak wirklich noch Köpfe von Mitgliedern eines anderen Stammes als Siegestrophäe mit nach Hause. Sie waren davon überzeugt, dass die Energie und Eigenschaften des ehemaligen Kopfbesitzers auf sie übergehen konnten. Ich glaube, wann dieses »früher« war, ist nichts, was sich allgemein für Kalimantan sagen ließe. Es unterscheidet sich von Dorf zu Dorf. Dayak, die nahe an der Küste lebten, haben diese Tradition vermutlich eher aufgegeben als die Menschen im Landesinnern.

Allgemein ist die Dayakkultur nicht gut dokumentiert, sondern vor allem mündlich tradiert. Bei der Recherche bleibt mir oft nichts anderes übrig, als mich auf Erzähltes zu verlassen. Ein Dayak in meinem Alter erzählt mir, dass es in seinem Dorf, das knapp zwei Tagesreisen von Palangka Raya entfernt liegt, eine Steintafel gibt, auf der festgehalten ist, dass die Kopfjagd seit Mitte der 1890er-Jahre der Geschichte angehört. Als eine gleichaltrige Dayakfrau noch ein Kind war, flüsterte man sich in ihrem Dorf zu, dass wieder Kopfjäger unterwegs seien. Ob es stimmt, weiß sie nicht. Angst hatte sie.

Offiziell wurde die Kopfjagd auch in ihrer Gegend schon vor mehreren Jahrzehnten beendet, flammte aber zu manchen Anlässen wieder auf. Meist waren Auseinandersetzungen mit anderen Ethnien der Auslöser, so etwa die Besatzung durch die Japaner im Zweiten Weltkrieg, der Konflikt mit chinesischen Immigranten in den 1960er-Jahren oder die bewaffneten Auseinandersetzungen zwischen Dayak und Maduresen in den späten 1990er-Jahren in Sampit.

Mehr über die spirituellen Gründe der Kopfjagd und die damit verbundenen Riten habe ich nicht herausfinden können. Wenn ich mit den Dayak darüber zu sprechen versuche, stoßen wir an die Grenzen unserer Verständigung. Am Beispiel der Kopfjagd wurde mir deutlich, welche starken kulturellen Veränderungen die Dayak in wenigen Jahrzehnten erlebt haben: Kolonialisierung, Einführung des Geldes, eine weitgehende Verdrängung des Kaharingan durch Islam und Christentum, neue Vorstellungen von Zusammenleben, Gesellschaft, Besitz und Geschäft, Moderne und Landschaftsveränderung. Ich frage mich, wie diese Brüche sich auf Menschen auswirken. Das Alte scheint besiegt zu sein, ist es aber nicht ganz. Es schimmert weiterhin durch.

Noch immer ist für einen Dayak die Grenze zwischen Leben und Tod viel durchlässiger als bei uns. Zum ersten Mal verstehe ich das, als ich das Haus eines kürzlich Verstorbenen betrete. Ich hatte beklommene Sprachlosigkeit erwartet, wie ich sie von Beerdigungen in Deutschland kenne. Von wegen: Das Haus ist voller Menschen, die im Kreis sitzen und Tee trinken. Sie reden durcheinander. Irgendwer lacht. Leute stoßen dazu, andere verschwinden wieder. So wird es nun einige Tage lang gehen. Der Tote liegt aufgebahrt unter Tüchern im Raum und verbringt noch schöne Stunden in der Gemeinschaft von Familie und Bekannten, bevor er beerdigt wird. Als wir uns nach einer Weile wieder verabschieden, frage ich mich, warum Sterben bei uns so traurig und Trauer so einsam sein muss. In Kalimantan ist es fast schön.

So richtig gegangen ist der Tote auch nach Totenwache und Beerdigung noch nicht. Zumindest nicht für die Dayak, die nach dem Kaharingan leben. Einige Jahre später – wie viel später, hängt vor allem von den Ersparnissen seiner Familie ab – bekommt der Verstorbene seine Tiwah: eine Zeremonie, bei der der Verstorbene auf dem Weg ins Jenseits begleitet wird.

Wenn die Tiwah stattfindet, ist ein Dorf tagelang im Ausnahmezustand. Ich war zu Gast im Ausnahmezustand: Es ist laut, bunt, und in der Luft liegt der Geruch vom Schweiß und Blut der geopferten Tiere. Alle paar Minuten fordert mich jemand auf, aus einem Becher Reiswein zu trinken. Ritual folgt auf Ritual. Ich weiß, dass hier die Grenzen dessen liegen, was ich verstehen kann, und so kann ich nur beschreiben, was ich sehe. Die Menschen gehen Verbindungen ein, die ich nicht wahrnehmen kann, doch ich spüre, dass sie stark und wichtig sind. Eines der wichtigsten Rituale ist das Knochenwaschen. Die Knochen des wieder ausgegrabenen Verstorbenen werden von seiner Familie mit kleinen Bürsten gereinigt. Danach ist der Tote bereit für seinen Umzug in das Sandung — ein hübsches kleines Holzhäuschen auf Stelzen, das vor dem Haus seiner Familie aufgebaut wird. Drinnen werden

Bei der Tiwah

seine Knochen zusammen mit denen von anderen verstorbenen Familienmitgliedern aufbewahrt. So lebt er gemeinschaftlich mit den Toten und nahe bei den Lebenden weiter, und auch die Lebenden bleiben in Verbindung zum Verstorbenen.

Wie fließend der Übergang zwischen Leben und Tod und zwischen sichtbar und unsichtbar ist, zeigt mir der Glaube an Geister und Magie. Beides ist für die Dayak allgegenwärtig, auch wenn nicht immer darüber gesprochen wird. Mir scheint es so, als wäre in Kalimantan einst alles miteinander verwoben gewesen. Ein System, das durch den Verlust des Waldes empfindlich gestört wurde.

Kapitel 9

Die Dayak und die Natur – eine enge Beziehung

»Meine Eltern haben ihr Land verkauft, damit meine Schwester und ich studieren können. Mit dieser Hypothek muss ich leben.« Immer wieder hört Emmanuela Shinta in Gedanken die Mahnung ihrer Mutter, etwas daraus zu machen. Ein Zurück zum traditionellen Leben gibt es für sie nicht mehr. Dennoch ist diese Verbindung nicht gekappt, im Gegenteil: Emmanuela Shinta, die einfach nur Shinta genannt werden möchte, setzt ihre Bildung und ihren Zugang zu modernen Medien dafür ein, um für die Traditionen der Dayak zu kämpfen. Ihr Anliegen ist es, dass die Welt mehr über Dayak erfährt, dass überliefertes Wissen nicht verloren geht und dass es auch künftig Raum für diese Volk gibt. Shinta ist eine Vermittlerin, eine Wandlerin zwischen den Welten. Sie spricht in perfektem Englisch auf internationalen Konferenzen über ihr Anliegen. Sie produziert Videos und ist ein Onlinekommunikationsprofi. In ihrer Kindheit ritzte sie zusammen mit ihren Verwandten Gummibäume an und fing Nikep-Fische für das Abendessen. Die Nikep-Fischerei ist eine Technik, die nicht Geduld, sondern Schnelligkeit erfordert. Mit einem kleinen Rattankescher stellt man sich ins seichte Wasser und schnappt sich einen Fisch. Bei unserem Treffen kann ich mir sofort vorstellen, warum Shinta am liebsten Nikep angelt. Sie spricht leidenschaftlich und stimmgewaltig in einer solchen Geschwindigkeit, dass ich mich anstrengen muss, das Gehörte zu verarbeiten. Was Shinta nicht mag: Gerede, langwierige Arbeitsprozesse, Langsamkeit. Lieber sind ihr Action und Tempo, und wenn deswegen manches etwas provisorisch ist, aber der Sache dient, kann sie damit gut leben.

Shinta leitet ihre eigene Stiftung, die Ranu Welum Foundation.[19] Ich habe sie um ein Treffen gebeten, um von ihr mehr über die Dayak, deren Beziehung zur Natur und das Verschwinden des Waldes zu erfahren. Und um eine umfassendere Perspektive zu bekommen, die mir hilft, das Ganze besser zu verstehen.

Shinta ist in Zentralkalimantan geboren und gehört zu den Dayak Maanyan. Ihr Stamm lebte ursprünglich am Barito-Fluss. Diese Lokalisierung ist Shinta wichtig, denn unter den Dayak gibt es eine enorme Vielfalt. Etwa 400 verschiedene Stämme bevölkern die Insel. Sie haben ihre eigenen Bräuche und Dialekte, die sich teilweise so stark voneinander unterscheiden, dass manche auf Indonesisch ausweichen müssen, um miteinander zu kommunizieren. Diese Unterschiede kommen aus der Zeit, als die Insel noch von einem dichten, nur mühsam zu durchdringenden Wald bewachsen war. Der Wald ist aber nicht nur ein trennendes, sondern gleichzeitig auch ein einendes Element, denn sie alle verbindet die enge Beziehung zur Natur.

Shintas Eltern sahen für ihre Töchter keine Möglichkeit, das traditionelle Leben fortzuführen. Daher verkauften sie ihr Land, ermöglichten ihren Töchtern eine höhere Schulbildung, verließen ihre ländliche Heimat und schickten die Kinder schließlich an die Universität

19 Ranu Welum wurde 2015 von Emmanuela Shinta gegründet. Mithilfe digitaler Medien – insbesondere Filmen – und eines Printmagazins erzählt die Stiftung Geschichten der Dayak. Ranu Welum möchte Wissen bewahren, die Kultur der Dayak anderen näherbringen und auf die sozialen und ökologischen Probleme, mit denen die Dayak heute konfrontiert sind, aufmerksam machen.

von Palangka Raya. Nachdem Shinta 2013 ihr Studium abgeschlossen hatte, zögerte sie, sich direkt eine Arbeit zu suchen, und stieß eher zufällig auf ein Absolventenprogramm für Menschenrechte, in das sie aufgenommen wurde. »Dort verstand ich zum ersten Mal, dass wir hier nicht nur über andere reden, sondern auch über meine Leute, über mich.« Sie lernte, dass vielen indigenen Völkern die Lebensgrundlagen entzogen worden waren: Man hatte ihnen ihren Wald, ihre Natur, ihre Kultur und in den letzten Jahrzehnten oft auch ihr Land genommen. »Und mir wurde klar, dass das ja auch unserem Volk passiert ist.«

Genau das ist mir schon einige Male aufgefallen: dass Dayak jedes Alters all die rasanten Veränderungen um sich herum registrieren, ohne zu begreifen, was für Auswirkungen diese auf ihr Leben haben werden. Erst nach Jahren kommt dieser Moment des Erwachens, wenn sich die Ungeheuerlichkeit dessen, was passiert ist, vor einem entfaltet.

Kurze Zeit später erlebte Shinta einen zweiten einschneidenden Moment: 2015 verwandelte sich Kalimantan in eine Hölle; die Erde brannte. Das Feuer fraß zwischen September und November 1,8 Millionen Hektar Regenwald. Es wurde mehr CO_2 freigesetzt, als Japan in einem ganzen Jahr emittiert. 43 Millionen Menschen atmeten den giftigen Rauch ein. Sogar auf Satellitenbildern aus dem Weltall war die Katastrophe zu sehen. Zwar formierten sich schnell Löschtrupps, doch gegen einen Waldbrand in Kalimantan kommt man schwer an. Der Grund sind die Torfböden: Das Feuer schwelt dort unterirdisch weiter, selbst wenn die Oberfläche aussieht, als wäre der Brand gelöscht. Das Drama: Die Torfböden sind sehr fruchtbar und binden zudem eine große Menge CO_2. Unzählige Menschen starben an den Folgen dieser Katastrophe.[20]

20 Wie viele Menschen dabei umgekommen sind, lässt sich schwer sagen. Eine gemeinsame Studie der Universitäten Harvard und Columbia beziffert die Zahl der dadurch verursachten Todesfälle auf etwa 100.000. Allerdings bestreitet das indonesische Gesund-

Auch 2019 brannte Kalimantan wieder

»Ich habe das erlebt«, erzählt Shinta. Sie ist den Tränen nahe, obwohl sie schon so oft davon erzählt hat. »Ich habe erlebt, wie der Rauch die Lunge bedrückt. Meine Tante ist an den Folgen des Feuers gestorben. Ein Kind ist vor meinen Augen gestorben. Wir haben alle so viel geweint. So viele von uns weinen immer noch, wenn sie über diese Zeit sprechen. Wir sterben hier, dachte ich mir. Wir sterben hier, und niemand tut etwas dagegen.«

Es stimmt, die Brände, die zu den verheerendsten humanitären und ökologischen Katastrophen seit Jahrzehnten gehörten, schafften es bei uns kaum in die Berichterstattung. Man könnte sich fragen, warum. Ich muss zugeben, dass auch ich damals nichts davon mitbekommen habe.

heitsministerium diese Zahl. Der Titel der Studie lautet: Koplitz et al.: Public health impacts of the severe haze in Equatorial Asia in September–October 2015: Demonstration of a new framework for informing fire management strategies to reduce downwind smoke exposure. Environmental Research Letters Vol. 11, No. 9, 2016, doi:10.1088/1748-9326/11/9/094023.

Waldbrände 2019

Einzelne Verantwortliche sind in solchen Fällen schwer auszumachen. Auffällig aber ist, dass der allergrößte Teil der Brandgebiete in Konzessionsflächen von Zellstoff- und Palmölfirmen liegt.[21] Shinta macht kein Geheimnis daraus, dass sie die Firmen in Verdacht hat, die Brände gelegt zu haben. Damit das Land frei für den Anbau von Palmöl wird.

Shinta wollte unbedingt etwas tun. Sie ließ sich 45.000 Atemmasken schicken und verteilte sie mit ihrer neu gegründeten Organisation an die Menschen. »Ich ging demonstrieren, war ganz vorne mit dabei und sprach bei einer Kundgebung vor dem Büro des Gouverneurs. Die Politik hat das Thema ignoriert«, erzählt sie. Diese Aktivitäten machten Shinta bekannt. Sie begann, Filme zu produzieren: über die Kultur der Dayak, über indigene Rechte, Waldschutz und eben auch über die Waldbrände, ein Thema, das sie nicht mehr losließ.

21 Die Initiative Global Forest Watch wertete 2015 zur Datenerhebung Satellitenbilder und Karten aus.

Löscharbeiten

Nachdem die Regenzeit die Feuer gelöscht hatte, wartete noch ein letzter Schock auf Shinta: In Gesprächen auf ihren Reisen wurde ihr klar, dass viele Leute außerhalb Kalimantans glaubten, die Dayak wären für das Feuer verantwortlich. Sie praktizierten doch schließlich Brandrodung! »Das hat mich wirklich getroffen«, sagt Shinta. Seitdem sieht sie es als ihre Aufgabe, die Kultur der Dayak weltweit sichtbar zu machen und ihr Sprachrohr zu sein. Durch Filme, die auch im Ausland gezeigt werden, und durch ihre Auftritte.

»Der Kapitalismus ist in Kalimantan einmarschiert«, erklärt sie.

»Und was soll man jetzt tun?«, frage ich.

»Die Eltern sagen sich: Meine Kinder brauchen eine bessere Zukunft. Es ist besser, wenn sie nicht hier bei uns im Wald bleiben, sondern eine gute Bildung bekommen und dann in einem Büro in der Stadt arbeiten.«

»Ist das die Lösung?«

»Bildung ist der Schlüssel. Aber wir dürfen auch unsere Wurzeln nicht verlieren, wir müssen damit in Verbindung bleiben. Der Verlust des Waldes hat uns Dayak tief verwundet. Wir müssen endlich aufstehen, nachdem wir so viele Jahre lang von verschiedenen Seiten kolonialisiert worden sind.«

Harte, klare Worte. Und was ist mit der jungen Generation? In sie setzt Shinta ihre Hoffnung. Ihre Organisation arbeitet viel mit jungen Menschen zusammen.

»Die jungen Dayak brauchen mehr Kampfgeist. Den vermisse ich bei vielen. Das kann sich aber ändern. Alles ändert sich. Wir sind nicht bereit für Veränderungen, werden durch die Umstände geprägt, können gar nicht so sein, wie wir eigentlich sind. Aber wir werden uns stark machen.«

»Wenn du eine Utopie entwerfen dürftest, Shinta, wo siehst du die Dayak? In der Landwirtschaft?«

»Nein, eher nicht. Davon bewegen wir uns weg. Ich sehe starke Gemeinden, die den Rahmen, den man ihnen von außen zuweist, nicht akzeptieren, sondern die für sich selbst stehen. Seit den Feuern von 2015 sind wir zum Glück aufgewacht. Ich wünsche mir junge Leute, die von den Geschichten der Älteren lernen und dieses Wissen mit in die moderne Welt nehmen.«

Ich kann das Leben, das Shinta sich für die Dayak wünscht, nicht so recht greifen. Das, was ich gesehen und gehört habe, führt mich zu einem anderen Schluss. Mir erscheint Landwirtschaft für viele als ein guter Kompromiss zwischen der Nähe zur Natur und zur modernen Welt. Vor allem, wenn mit der Agroforstwirtschaft noch der Holzanbau und Verkauf dazukommen.

»Wir Dayak haben eine enge Beziehung zur Natur.« Ich höre diesen Satz so oft. Er steht am Anfang von vielen Erzählungen, denen ich im Laufe meiner Reise zuhören darf. Meistens haben die Erzählungen kein gutes Ende – die Geschichte läuft darauf hinaus, wie die enge Beziehung zur Natur gestört wurde. So ist es auch bei der Familie einer angehenden Pfarrerin gewesen, die ich in Banjarmasin kennengelernt

Die 22-jährige Dayakfrau kommt aus einem kleinen Dorf in Zentralkalimantan. Als sie ein Kind war, begann der Ausverkauf: Ihre Nachbarn und Freunde, dann auch ihre Familie veräußerten ihr Land. Schnell viel Geld zu bekommen war eine verlockende Vorstellung und für viele in dieser Region damals auch notwendig. Am Ende hatte fast das gesamte Dorf seinen Grundbesitz verkauft. Was die Menschen nicht wussten: Eine Firma hatte die großen zusammenhängenden Flächen erworben, um darauf eine Kohlemine zu errichten. Seit 2015 arbeiten auf den ehemaligen Wald- und Feldflächen nun wieder ihre früheren Besitzer – aber jetzt als Minenarbeiter. Noch ist die Mine produktiv, doch alle fürchten den Tag, an dem sich das ändert. Einmal schon hatten die Betreiber finanzielle Probleme. Panik machte sich breit. Es gibt für die Arbeiter keine ausreichenden anderen Möglichkeiten, ihre Lebensgrundlagen zu sichern.

»Alle nennen es Fortschritt, aber ich weiß nicht, ob es wirklich ein Fortschritt ist.« Auch Monalisa ist eine Wandlerin zwischen den Welten. Sie ist eine Dayak, 27, traditionell aufgewachsen, hat auf Bali studiert und arbeitet seitdem in der Kommunikation bei Fairventures in Palangka Raya. Modebewusst, perfektes Englisch, das Smartphone immer parat. Unter anderem betreut sie den Instagram-Kanal der Organisation. Als wir uns zum ersten Mal treffen, schätze ich sie völlig falsch ein. Ich ahne nicht, dass sie innerhalb weniger Jahre mehr Veränderung durchlaufen hat als die meisten Menschen aus einer Industrienation in ihrem ganzen Leben.

Ich verbringe ein paar Tage mit Monalisa. Sie begleitet mich in das Projektgebiet von »One Million Trees«, erklärt mir viel und übersetzt.

22 Die Frau möchte nicht namentlich erwähnt werden, aber ich darf die Geschichte ihrer Familie hier erzählen. Es ist eine für Kalimantan ganz typische Geschichte, die sich so ähnlich in den letzten Jahren vielfach zugetragen hat.

Mit ihren Kollegen im Büro spricht sie Indonesisch, mit den Menschen im Projektgebiet Dayak. Dank Monalisa ist es kein Problem für mich, die Menschen in ihren Häusern zu besuchen und mit ihnen ins Gespräch zu kommen. Sie bewegt sich dort ganz selbstverständlich, als wäre sie nie in die Stadt gezogen.

Aufgewachsen ist Monalisa in einfachen Verhältnissen. Zwei Geschwister, mehrere Familien in einem Haus ohne Strom. Wenn sie Lust auf einen Fisch hatten, fingen sie einen, wenn sie Wild wollten, gingen sie im Wald jagen. Jeden Tag badeten sie im Fluss. »Ruhig und friedlich, ohne jegliches Konkurrenzdenken« sei ihre Kindheit verlaufen. »Damals war noch alles gemeinschaftlich.« Mag sein, dass sie ihre Kindheit ein wenig verklärt – wer, der eine schöne Kindheit hatte, tut das nicht? –, aber der Kontrast zu heute ist so oder so extrem.

Monalisa hatte Glück. Als die großen ökologischen und gesellschaftlichen Veränderungen anfingen, war sie im besten Alter, um damit zurechtzukommen. Trotzdem sagt sie immer wieder: »Es macht mich verrückt, was damals alles geschehen ist. Ich darf nicht zu viel darüber nachdenken.« Zehn Jahre trennen sie von ihrem alten dörflichen Leben ohne Strom und Smartphones, Facebook und verschmutzten Flüssen. Ihre Eltern arbeiteten in einer Goldmine und verkauften Kautschuk – für die höhere Bildung ihrer Kinder. Erst als Monalisa Kalimantan verlassen hatte, bekam sie ein Gefühl dafür, was dort passiert war. »Man versteht es nicht, wenn man mittendrin ist«, sagt sie.

Wäre es möglich, würde Monalisa den Komfort ihres städtischen Alltags sofort aufgeben, um wieder so zu leben wie früher. Es ist aber nicht möglich. Monalisa glaubt, dass die Kultur der Dayak in einer Sackgasse steckt. Brandrodung und Wanderfeldbau können sie nicht mehr betreiben. Wegen der Regulierungen, aber auch weil der verbliebene Waldbestand in vielen Gegenden zu gering ist, um das so leicht zu verkraften.

Deswegen kam sie zurück nach Kalimantan, um bei Fairventures daran mitzuarbeiten, dass ihre Leute die Beziehung zur Natur in der Moderne wieder aufnehmen können.

Ich habe viele Geschichten gehört, die so ähnlich beginnen wie die von Shinta und Monalisa. Ihnen blieb keine andere Wahl, als sich auf die Veränderungen einzulassen. Für mich unterschieden sie sich nicht von anderen jungen Menschen überall auf der Welt, die in mittelgroßen Städten leben. Aber sobald sie zurück in den Dörfern sind, verwandeln sie sich in die, die sie waren, bevor die Moderne kam.

Kapitel 10
Warum der Wald verschwindet

Es gibt nicht nur eine Ursache oder einen Verursacher, die oder den man ausmachen und stoppen müsste, damit der Wald nicht weiter verschwindet. Nicht eine treibende Kraft, sondern ein Zusammenspiel aus Bedürfnissen, Entwicklungen und sicher auch Gier führt dazu, dass vom Wald jedes Jahr noch weniger übrig ist als im Jahr zuvor. Wie überall auf der Welt ist es keine gute Idee zu pauschalisieren, und in Kalimantan habe ich ganz besonders den Eindruck gewonnen, dass die Zusammensetzung der Ursachen und Verursacher zwar eine Struktur hat, die sich gleicht, aber die Gewichte in jedem Dorf anders gelagert sind.

In diesem Kapitel möchte ich die Rahmenbedingungen, unter denen die Entwaldung stattfindet, beleuchten. In den Unterkapiteln »Holz«, »Kautschuk«, »Gold« und »Palmöl« stelle ich diese alten und neuen Entwaldungstreiber vor, im Kapitel »Sekundärwald« zeige ich eine Möglichkeit auf, wie sich ein Ökosystem auch wieder regenerieren kann.

Am Anfang aber steht die Frage: Warum ist der Regenwald in Kalimantan überhaupt wichtig, und was passiert, wenn er nicht mehr da ist? Der Regenwald ist Lebensraum für Menschen, Pflanzen und Tiere. Von den Menschen war in diesem Buch bisher ja schon viel die Rede. Dayak in ganz Kalimantan waren und sind gezwungen, ihr traditionelles Leben als Jäger und Sammler aufzugeben, weil der Wald sie nicht mehr n kann. Tropische Regenwälder haben die höchste Artenvielfalt weltweit – im Pflanzen- und im Tierreich. Durch den dichten Bewuchs hat sich der für tropische Regenwälder typische Stockwerkbau ausgebildet. Auf jeder Ebene leben auf kleinem Raum Tier- oder Pflanzenarten, von der Evolution perfekt auf ihr Stockwerk abgestimmt. Die Populationen sind oft nicht groß, was die Artenvielfalt begründet und auch die Empfindlichkeit gegenüber Störungen dieses Ökosystems bedingt. Am häufigsten finden sich dort Insekten, Spinnen, Tausendfüßler und Krebse. Der viele Regen, dem der Wald seinen Namen verdankt, landet am Ende in einem der zahlreichen großen und kleinen Flüsse, die diese Wälder durchziehen und ebenfalls zum Ökosystem gehören. Anders als in unseren Breiten gibt es im tropischen Regenwald kaum Jahreszeiten. Es ist in unterschiedlichen Abstufungen immer feucht-warm. In diesem Klima gibt es rasche Nährstoffkreisläufe. Nichts bleibt, wie es ist: Ein Blatt, das auf den Boden fällt, wird direkt weiterverarbeitet.

Wenn der Wald verschwindet, hat das lokale und globale Auswirkungen auf das Klima. Durch Rodungen wird das in den Böden und Bäumen gebundene CO_2 freigesetzt und in die Atmosphäre entlassen. Damit tragen sie zum globalen Klimawandel bei, insbesondere wenn wie in Kalimantan der Wald auf Torfmoorböden wächst, die nach einem Brand oder einer Trockenlegung große Mengen Kohlenstoff ausstoßen.

Lokal sind die Auswirkungen viel direkter spürbar: Es wird wärmer, weil die Kühlung durch die Bäume verloren gegangen ist. Durch Bäume verdunstet Wasser, das sich über ihnen in Form von Wolken sammelt. Die Wolken schützen den Wald vor zu viel direkter Sonneneinstrahlung. Wenn es dann regnet, wird das Wasser aus den Wolken zurück in den Wald überführt. Dieser Wasserkreislauf funktioniert nicht mehr ohne die Bäume. Außerdem hindert auch das dichte Kronendach der Bäume viele Sonnenstrahlen daran, bis auf den Boden vorzudringen: ein guter Schutz vor Austrocknung. Ist der Wald verschwunden, ist kurz darauf auch der Boden verschwunden. Zumindest die fruchtbare Humusschicht, die obenauf liegt und jetzt nicht mehr in den Nährstoffkreislauf des Waldes eingebunden ist und auch nicht mehr von den Bäumen fixiert wird. Regen trägt sie ab, und zurück bleibt unfruchtbarer, karger Boden, auf dem auf natürliche Weise kaum mehr etwas gedeiht.

Die Entwicklung eines Ökosystems wird in der Botanik »Sukzession« genannt. Sukzession beginnt typischerweise mit einem einfachen Bewuchs wie beispielsweise Moos. Nach und nach verbessern sich die Bedingungen, bis die nächste Entwicklungsstufe des Ökosystems einsetzen kann. Der Bewuchs wird komplexer, erste Tiere siedeln sich an, die Entwicklung schreitet voran. Ganz am Ende kommt es zur Krönung des neuen Ökosystems – durch Bäume.[23] Sukzession ereignet sich auch auf Flächen, auf denen ein stabiles Ökosystem beschädigt wurde oder sogar zurück in sein Ursprungsstadium versetzt wurde. Wenn die Bedingungen dafür passen, beginnt der Kreislauf von vorne.

Warum also erholen sich die ehemaligen Waldflächen nicht von selbst? Müsste man ihnen nur genug Zeit lassen? In vielen Fällen ist das schon allein deshalb nicht möglich, weil sie anschließend anders verwendet werden, doch dazu später mehr. Ich habe in Kalimantan nicht nur leere ehemalige Waldflächen gesehen, die lediglich aus totem Boden bestanden, sondern auch solche, die für mich auf den ersten Blick ganz

23 Diese Darstellung ist natürlich stark vereinfacht. Es gibt Kontroversen in der Fachwelt, ob die Entwicklung nicht weniger linear verläuft und ob häufige größere Regenerationszyklen nicht Teil der »typischen« Sukzession sind.

in Ordnung wirkten: Sie waren mit Gras und Farnen, teilweise sogar mit Büschen bewachsen. Gut, dachte ich. Nicht gut, erzählte mir kurz darauf ein Förster von Fairventures: Was ich sah, war ein in einer niedrigen Entwicklungsstufe gefangenes Ökosystem. Es hat kaum eine Chance, sich von allein zu erholen oder weiterzuentwickeln. Samenquellen sind keine mehr in der Nähe und auch keine Tiere, die Früchte fressen und nach der Verdauung die Samen verteilen. Hohe Farne überwuchern alle anderen Pflanzen. Wächst hier entgegen aller Wahrscheinlichkeit doch einmal ein einzelnes Bäumchen, kann man sich sicher sein, dass es den nächsten Brand nicht überleben wird. Das Spiel beginnt dann von vorne.

Das sind also Folgen der Entwaldung. Doch wie kann es überhaupt so weit kommen? Bevor ich mich zum ersten Mal ernsthaft mit diesem Thema beschäftigte, hatte ich die vage Vorstellung, dass der tropische Regenwald irgendwie illegal abgeholzt würde. Das glaubte ich, weil ich es so gelesen und gehört hatte. Ich bin damals nicht auf die Idee gekommen, dass etwas, das so offensichtlich schlecht ist, legal sein könnte.

Dass die eigenen moralischen Vorstellungen nicht unbedingt deckungsgleich mit dem Kategorienpaar legal/ illegal sind, war mir im Prinzip klar. Trotzdem habe ich dieses theoretische Wissen wohl nicht auf konkrete Probleme übertragen. Und so war ich überrascht, als ich langsam begriff, dass bei dem Verschwinden des Waldes in Borneo gar nicht unbedingt die illegalen Aktivitäten ausschlaggebend sind, sondern die legalen. Oder präziser: Die kleinen illegalen Rodungen bereiten den Boden für die großen legalen Rodungen mit enormen Auswirkungen.

Die Geschichte, die ich unzählige Male gehört habe, geht grob so: Ein ursprünglich schwer zu erreichender Waldabschnitt wird leichter zugänglich, weil in seiner Nähe eine Straße gebaut wird, zum Beispiel eine Straße für den Holzabtransport von einem vorgelagerten Waldabschnitt. Weil der Wald nun leichter zu erreichen ist, kommen Men-

Abgeholzte Flächen

schen, allein oder in kleinen Grüppchen, suchen sich einzelne, wertvolle Stämme heraus, fällen diese, transportieren sie ab und verkaufen sie.[24] Von staatlicher Seite sind diese Aktivitäten kaum flächendeckend zu kontrollieren. Wenn man in Deutschland gemütlich zu Hause auf dem Sofa sitzt und einen Artikel über illegale Rodung liest, fragt man sich reflexartig, warum verdammt noch mal das Gebiet nicht besser kontrolliert wird. Vor Ort habe ich verstanden, warum: Die Dimensionen sind enorm, und der Wald ist schwer begehbar – wie sollen dort überall engmaschig Patrouillen unterwegs sein? Bevor jemand bis zum Tatort vorgedrungen ist, ist der Holzfäller weg, nur der Stumpf und das frische Sägemehl sind noch da. Außerdem hat auch nicht jeder den glei-

24 Näheres zur Holzwirtschaft in Kapitel 10.1.

chen Willen zur strengen Kontrolle, selbst wenn er etwas Verdächtiges entdeckt. Nicht nur die Holzfäller, sondern auch viele andere profitieren kurzfristig finanziell davon, dass der Wald verschwindet. Sind die ersten Bäume gefallen, gilt der Waldabschnitt schnell nicht mehr als Primärwald.[25] Und in einem Sekundärwald darf gearbeitet werden. Die Regierung, die formell Eigentümer des Waldes in Kalimantan ist, vergibt eine Konzession – also Nutzungsrechte. Das bedeutet, dass ab jetzt die Firma, die die Konzession erhalten hat, hier legal Bäume fällen und das Holz verkaufen darf. Man könnte fragen, warum ausgerechnet diese oder jene Firma eine Konzession vom Staat erhält. Einige meiner Gesprächspartner haben eine Verbindung zwischen Wahlkampffinanzierungen und der späteren Vergabe einer Konzession hergestellt. Für unmöglich hielt diesen Zusammenhang kaum jemand, den ich danach gefragt habe. Von einigen Seiten habe ich allerdings gehört, dieses Problem sei in den letzten zwei Jahrzehnten deutlich zurückgegangen. Festzuhalten bleibt: Die Aktivitäten der Firma, die die mit einer Konzession Bäume fällt, sind nicht illegal. Sind die Bäume gefällt, vergibt der Staat nicht selten eine Folgekonzession. Jetzt ist die ehemalige Waldfläche für eine andere Nutzungsform freigegeben – in den letzten Jahren meistens für die Umwandlung in eine Palmölplantage. Oft durch eine Firma, die demselben Firmenkonsortium angehört, das auch schon die Holzkonzession innehatte.

Eine andere Variante dieser Geschichte ist, dass nach einem Brand eine Konzession für die ehemalige Waldfläche vergeben wird. In einigen Fällen stellt sich die Frage, die auch Shinta aufgeworfen hat: Wie sind

25 Ein Primärwald ist ein Urwald, d. h. ein Wald, der nicht durch menschliche Eingriffe geprägt wurde.

die Brände entstanden? Sicher gibt es nicht nur eine Antwort. Ich habe die unterschiedlichsten Geschichten gehört, warum Feuer ausgebrochen sind.

Weshalb beschreibe ich das alles? Weil ich den Eindruck habe, dass wir einem Irrtum aufsitzen. In den Debatten bei uns geht es fast ausschließlich um illegale Rodungen. Dass die Rodungen mit Bedürfnissen und Bedarf zu tun haben – mit unseren und mit denen der Bevölkerung vor Ort –, ist weniger angenehm. Bedürfnisse und Bedarf finden ihren Weg. Ich glaube, dass legal und illegal allein keine sinnvollen Kategorien für das Problem der Entwaldung sind. Und fair ist es gegenüber den Dayak auch nicht. Vieles, was zu ihrer traditionellen Lebensweise dazugehört, ist heute illegal: Wanderfeldbau, Bäumefällen, um das Holz zu nutzen, Jagd und teilweise sogar Fischerei.

Ein weiterer Grund, warum die Unterteilung in legal und illegal wenig zielführend ist, sind die in Indonesien parallel existierenden Rechtssysteme. Ein Teil des geltenden Rechts ist nicht schriftlich fixiert und in keinem Gesetzeswerk festgehalten, findet aber trotzdem Anwendung. In Kalimantan und in Bezug auf den Wald spielen sich die Konflikte vor allem zwischen dem Gewohnheitsrecht, von dem in vorherigen Kapiteln schon die Rede war, und dem staatlichen Recht ab.

Jagen, Fischen, Sammeln, Holz und Grund: Jahrhundertelang nutzten Dayak die Ressourcen, die sie umgaben, moderat, ohne dass diese jemandem gehört hätten. Zumindest nicht in der Form, wie wir in unserer Kultur Besitz verstehen. Ihr traditionelles Regelwerk, das Adat,[26] erlaubte es ihnen beispielsweise, Flächen eine Zeit lang zu kultivieren, um sie dann wieder in den Allgemeinbesitz übergehen zu lassen. So wie ich es den Er-

26 Siehe Anmerkung 5 in Kapitel 3 auf Seite 26.

zählungen entnommen habe, ist Besitz traditionell weniger statisch und bedürfnisorientierter als in unserem Kulturkreis. Besitz entstand durch Nutzung, manchmal auch durch Zuteilung durch den Kepala Adat, den Wächter über das Adat-Recht. Die anderen akzeptierten diese Zuschreibung. Als die Dayak aus den Langhäusern in Einzelhäuser zogen, nahm die Bedeutung der Landwirtschaft zu, und die Nutzungsdauer der Felder verlängerte sich. Bis schließlich die Felder den Kleinbauern dauerhaft gehörten, auch wenn das nie irgendwo schriftlich festgehalten worden war. Den Wald nutzte und nutzt man gemeinschaftlich, oft haben ein paar Familien gemeinsam Adat-Ansprüche auf ein bestimmtes Stück Wald.

Diesem alten, traditionsreichen Gewohnheitsrecht steht das heutige indonesische Recht entgegen. Es geht zum Teil auf die Gesetzgebung der niederländischen Besatzungsmacht zurück, wurde in seiner heutigen Form aber erst nach der Staatsgründung Ende der 1940er-Jahre etabliert. Das junge Indonesien hatte viele Probleme zu lösen. Für die natürlichen Ressourcen legte die damalige Regierung unter der Führung von Sukarno fest, dass sie grundsätzlich Staatseigentum sind. Der Staat entscheidet über die Nutzung von Land und über die Vergabe von Nutzungsrechten. Dies geschah ungeachtet des existierenden Gewohnheitsrechts.[27] Weil Kalimantan damals noch stark bewaldet war, fielen Land und Landnutzung dort größtenteils unter die Zuständigkeit des Forstministeriums. Von Java aus und oft ohne wirkliche Kenntnis der Insel und der informellen Besitzverhältnisse vor Ort wurden erste Konzessionen vergeben und schnurgerade auf der Landkarte eingezeichnet. Seitdem konkurrieren die beiden Rechtsformen miteinander. Auch Adat-Recht kann von den Gerichten angewendet werden, im Zweifelsfall aber be-

27 Nicht nur in Kalimantan, auch auf vielen anderen indonesischen Inseln gibt es eine lange Adat-Tradition.

hält indonesisches Recht die Oberhand. Es kommt hier immer sehr auf den Einzelfall an. Was nach einem unauflöslichen Widerspruch klingt, scheint viele Jahre dennoch einigermaßen gut funktioniert zu haben.

Es mag schwer vorstellbar erscheinen, aber ich habe in Kalimantan gelernt, dass die Menschen dort Widersprüche viel besser aushalten als wir. Ich habe große Schwierigkeiten, mir dieses Sowohl-als-auch richtig vorzustellen. Jeder Einzelfall erscheint mir dadurch so unendlich kompliziert. »Wenn jemand in dein Gebiet kommt« – und jemand kann auch eine Firma sein –, »dann zieht man sich ein Stück weiter in den Wald zurück«, so haben es einige Dayak mir gegenüber ausgedrückt. Deshalb konnten diese beiden Rechtsformen auch eine Zeit lang relativ problemlos nebeneinander existieren: Es gab trotzdem genug Platz für alle. Inzwischen ist das nicht mehr so. In einigen Geschichten, die mir erzählt wurden, war es sogar so, dass Firmen das Adat-Recht nicht ignoriert, sondern den Menschen das Land abgekauft haben, obwohl die Regierung ihnen dafür eine Konzession gegeben hatte. Zu welchen Bedingungen, das steht auf einem anderen Blatt.

Es gibt Bemühungen, den informellen Besitz der Dayak in formellen Besitz zu überführen: durch urkundliche Bezeugung und Eintragung von Landrechten oder auch indem Gemeindeland ausgewiesen wird. Oft sind diese Prozesse langwierig. Ohne Geduld und Erfahrung mit indonesischer Bürokratie geht nichts.

Vor diesem Hintergrund findet die Entwaldung in Kalimantan statt. Vor dieser Kulisse entspinnen sich Konflikte nicht nur um Wald, sondern auch um Fläche. Die Verantwortung dafür ist abstrakt und verteilt sich auf viele Schultern. In Kalimantan lauten die Entwaldungsschlagworte »Holz«, »Kautschuk«, »Gold« und »Palmöl«. Deswegen sind die nächsten Teilkapitel diesen Themen gewidmet. In den tropischen Regenwäldern anderer Regionen dieser Erde könnten die nächsten Kapitel aber auch »Soja«, »Kakao«, »Zuckerrohr« oder »Rinder« heißen.

Holz

Das Langhaus sieht aus wie eine Festung aus Holz. Ein massiver und, wie der Name bereits nahelegt, langer Quader auf Stelzen. Wir klettern die Leiter hinauf. Ich stehe in einem großen Raum. Boden, Dachbalken, eine Skulptur, alles hier ist aus sehr dunklem Holz gemacht. Das Holz ist glatt poliert und fühlt sich wunderbar geschmeidig an, wenn man mit den Händen darüberstreicht. Eisenholz, das Holz, aus dem die Dayak damals ihre Langhäuser gebaut haben. Ein extrem robustes Holz, schwer, hart und dicht. Seine Dichte ist sogar höher als die von Wasser: Eisenholz schwimmt nicht, sondern geht unter. Es lässt sich nur mit hartem Material und hohem Verschleiß bearbeiten.

Ein ganzes Haus aus Eisenholz, errichtet ohne moderne Werkzeuge, ist ein handwerkliches Meisterwerk. Früher lebten viele Dayak so: Mehrere Familien wohnten zusammen in einem Langhaus, das ihnen Gemeinschaft und Schutz bot. Denn friedlich ging es zwischen den einzelnen Stämmen nicht immer zu. Ein Langhaus bietet, ganz pragmatisch gesehen, einen besseren Schutz vor Kopfjägern als einzelne Hütten. Das Langhaus, in dem ich zu Gast bin, ist über 100 Jahre alt. Sein Holz sieht für mich überhaupt nicht so aus, als wäre es so alt. Ich habe gelernt, dass viele Holzsorten, die als Baumaterial verwendet werden, in den Tropen nicht lange Bestand haben. Gegen die Witterung kommen sie kaum an. Anders als dieses hier.

»Ulin« heißt diese Baumsorte, erfahre ich von der Familie, die heute noch im Langhaus lebt. Ulin wächst auf Borneo, ein paar weiteren in-

Sägewerk am Kapuas

donesischen Inseln und auf den Philippinen. Für die Dayak ist Ulinholz nicht nur wichtig, um Häuser zu bauen, Ulin besitzt auch eine spirituelle Bedeutung. Dieses Holz ist ein Talisman, der die Menschen im Wald vor Angriffen von Tigern und Elefanten bewahrt. Es ist extrem robust und schützt nicht nur gegen die Witterung, sondern auch gegen Bakterien und Pilze. Und auch gegen Termiten und andere Insekten. Eine Eigenschaft, die hier in Kalimantan unschätzbar wertvoll ist, wenn ein Haus Jahrzehnte überdauern soll.

Damit das Holz diese Eigenschaften entwickeln kann, braucht es Zeit. Viel Zeit: Pro Jahr wächst Ulin nur etwa einen halben Zentimeter. Umso mehr sind die Bestände auf eine moderate Nutzung angewiesen. Jahrhundertelang war das auch der Fall: Man konnte Ulin für den Bau eines Langhauses fällen, ohne dabei das Ökosystem zu gefährden. Wegen der allgemein voranschreitenden Entwaldung und aufgrund seiner begehrten Eigenschaften und des langsamen Wachstums sieht es heute schlecht für Ulin aus. Offiziell ist der Export streng verboten, doch natürlich gibt es illegale Wege dafür.

Holz ist in Kalimantan Geld. Immer noch. Die Nachfrage nach Holz war der erste Entwaldungstreiber. Jahrzehntelang wurde Kalimantan Holz in einem Ausmaß entnommen, dass der Wald keine Chance hatte, sich zu regenerieren. »Ich bin der Erste, der in meiner Familie Bäume pflanzt«, haben mir fast alle Teilnehmer des »One Million Trees«-Projekts erzählt, die ich getroffen habe. Abgesehen von Kautschuk, hatten ihre Eltern keine Bäume in die Erde gesetzt. Holz war etwas, das man sich holte, wenn man es brauchte. Genau wie alles, was der Wald an Nahrungsmitteln bereithielt. Als Jäger und Sammler mussten die Dayak nicht lange vorausplanen. Ich frage mich, ob es auch an dieser tief verwurzelten Denkweise liegt, dass die Dayak die Katastrophe nicht kommen sahen, als Menschen von außen kamen und Bäume fällten. »Plötzlich war der Wald weg.« Wie oft ich diesen Satz gehört habe. Es fällt mir schwer, ihn zu verstehen. Dass es schnell ging, weiß ich. Trotzdem sieht man doch die Bäume fallen. Man sieht den Abtransport der Rundhölzer. Man sieht die Mengen. Ich bin ein bisschen ratlos. Oder vielleicht mit meiner westlich geprägten Denkweise einfach zu weit weg. Ich kann es mir nur so erklären: Wenn Forst- und Landwirtschaft nicht nötig sind, weil es von allem genug gibt, fällt es vielleicht schwer zu erkennen, dass sich jemand zu viel nimmt. Dass sich jemand überhaupt zu viel nehmen konnte, wurde auch durch die Mechanisierung der Waldarbeit möglich. Wie aber hätten sich die Dayak zur Wehr setzen sollen?

Dunkles, schweres Tropenholz war auch in Europa lange sehr beliebt, galt als edel und robust. Der Wald wurde wegen des Holzes gerodet. Heute ist das nicht mehr unbedingt so: Holz, so höre ich immer wieder, ist eher ein Nebenprodukt. Eigentlich geht es um die frei werdende Agrarfläche. Der Verkauf von Holz, das auf einer Fläche steht, hilft bei der Anfangsinvestition für die Anlegung einer Palmölplantage.

Auch wenn Holz nicht mehr die gleiche Rolle spielt wie früher, möchte ich diesen Rohstoff besser verstehen. Im Jahr 2018 sitze ich im Lehrerzimmer der theologischen Fakultät in Banjarmasin auf einem Stuhl, der vor über fünfzig Jahren von Schreinern in Mandomai hergestellt wurde. Schön finde ich ihn nicht unbedingt, für meinen Geschmack ist er zu klobig. Aber die Qualität ist beeindruckend. Auch nachdem so viele Jahre Menschen darauf gesessen haben, sehe ich kaum Gebrauchsspuren. Die Lehrer erklären mir: Zu der Zeit, als dieser Stuhl entstand, glaubte man trotz der beginnenden Entwaldung daran, dass eine Professionalisierung der Schreinerei ein guter Weg sei, die wirtschaftliche und soziale Entwicklung in Kalimantan voranzutreiben. Statt des reinen Exports von Rohstoffen sollte mehr Wertschöpfung vor Ort stattfinden. Ein Konzept, an dem man in der Entwicklungszusammenarbeit bis heute festhält. Auch im »One Million Trees«-Projekt ist mittelfristig geplant, die nächste Stufe der Wertschöpfung nach Kalimantan zu verlagern.

Der berühmteste Fertigungsort zu jener Zeit war die Schule in Mandomai, an der auch Johannes unterrichtet hatte. In den 1990er-Jahren, höre ich, konnte Mandomai seine Möbel sogar nach Europa verkaufen. Auch heute sollen alte Möbel aus Mandomai noch immer beliebt sein und gerne gekauft werden. Ich fahre nach Mandomai, um die Schule zu besuchen.

Schon als man mich begrüßt, habe ich das merkwürdige Gefühl, als wäre hier die Zeit stehen geblieben. Wir sitzen zu fünft um einen Tisch, zwei der vier Personen beteiligen sich nicht am Gespräch. Mir fallen meine Fragen nicht mehr ein. Bei denen, die ich stelle, dauert es lange, bis ich eine von Pausen unterbrochene Antwort bekomme. Ich würde mich gern für eine Weile schlafen legen. Warum bin ich hier? Man erzählt mir etwas über die Schule; sie wurde von Schweizer Missionaren gegründet. Jahrzehntelang kamen Deutsche und Schweizer hierher, um Jugendliche zu Schreinern auszubilden. Und noch immer wird hier unterrichtet.

Ich frage, ob wir über das Schulgelände gehen können. Über den Hof verlaufen zugewucherte Schienen. In der Mitte steht eine Lore. Sie sieht aus, als wäre sie seit Jahren nicht mehr über die Schienen gerollt. Trotzdem frage ich den Lehrer, der mich herumführt, wofür sie benutzt wird. Stille. »Früher für den Holztransport. Heute nicht mehr.«

In einem der nächsten Räume verstehe ich, warum: In der Ecke liegt Holz, kleine, teilweise gesplitterte Stückchen, nur ein paar Zentimeter groß, und ein paar dünne Bretter. Zunächst vermute ich, dass es sich dabei um die Abfälle der Holzarbeiten handelt. Dann dämmert es mir: Das sind keine Abfälle. Das ist das Holz, das hier zur Verfügung steht. Eine Lore braucht man dafür nicht.

Wir laufen durch verfallene Gebäude mit modrigem Geruch. Wo wir auch stehen bleiben, der Lehrer sagt stets das Gleiche. Eine Variation von »Das haben wir früher gemacht, heute nicht mehr«, gefolgt von einem zynischen Lachen, in das ich nicht einstimmen kann. Wir gehen vorbei an schönen, verstaubten alten Möbeln. Gefertigt aus Holzsorten, an die die Schule seit vielen Jahren nicht mehr kommt. »Heute nicht mehr«, sagt der Lehrer und streicht über das Holz.

Er möchte mir den Raum zeigen, in dem die Maschinen für die Holzbearbeitung stehen. Es ist eine große Halle, die nach verkohltem Holz riecht. Der Dachstuhl ist schon vor Jahren ausgebrannt. Repariert wurde er seitdem von niemandem. Auch die Maschinen funktionieren nicht mehr. Überall dicke Staubschichten und Spinnweben. Es tut weh, in dieser Halle zu stehen. Und die Vermutung, dass hier niemand etwas ändern wird, tut noch mehr weh.

Das sind die Überreste einer großen Hoffnung, die letzten Zuckungen einer Idee, die im Sterben liegt. Tot ist sie aber noch nicht, denn zu meiner Überraschung betreten wir am Ende der Tour ein Klassenzimmer, in dem tatsächlich Schüler sitzen. Auf ihren Pulten liegt nichts, kein Papier, keine Stifte. Aber sie stehen auf und freuen sich über den Besuch.

Entwicklungszusammenarbeit funktioniert nicht immer. Auch die besten Absichten und ein gutes Konzept sichern noch keinen dauerhaften Erfolg. Das sehe ich in Mandomai. Gründe kann es dafür viele geben, und ich möchte nicht darüber spekulieren, woran es in diesem Fall lag. Entwicklungszusammenarbeit ist kompliziert, erfordert einen langen Atem und eine hohe Frustrationstoleranz.

Ein paar Tage später besuche ich eine andere Holzfachschule. Nicht in Kalimantan, sondern auf Java. Pika heißt diese Schule. Mit Mandomai hat das, was ich hier sehe, nichts zu tun. Draußen eine gut betonierte Straße. Leuchtreklame an den Gebäuden. Drinnen eine moderne Schule, funktionierende Maschinen und einige Schüler, die sich auf die Schreinereiweltmeisterschaften vorbereiten.

Java ist nicht Kalimantan. Das hier ist ein völlig anderes Universum. Die Lehrer sprechen Englisch. Sie haben Kooperationen mit Herstellern von Maschinen für die Holzbearbeitung ins Leben gerufen. Es ist kein Problem, an Holz für die Schüler zu kommen: Die nächsten Plantagen, von denen sie Material beziehen, sind nur gute zwei Fahrstunden entfernt. Transportkosten gibt es kaum. In der Werkstatt, in der die ausgebildeten Schreiner arbeiten, fällt mir eine noch nicht ganz fertige Kirchbank auf. Ich frage, woher das Holz kommt. »Aus Papua«, antwortet der Schulleiter. Ich bin überrascht. Papua ist eine Insel am östlichen Ende von Indonesien, knapp 3000 Kilometer von Java entfernt. Ganz schön weit, um solche Mengen an Edelholz zu transportieren, denke ich. Warum haben sie kein Holz aus Kalimantan dafür genommen? Bevor ich diese Frage stellen kann, fährt der Schulleiter fort: »Die Kirchenbank ist für unseren Kunden aus Kalimantan.«

Ich habe auf meiner ganzen Reise nichts gesehen, was die Probleme Kalimantans besser verbildlicht als diese Kirchenbank.

Vielleicht hätte man diese Kirchenbank auch gar nicht in Kalimantan bauen können, weil man nicht an das Holz gekommen wäre. Der Lehrer aus Mandomai sagt dazu: »Wir kriegen kein Holz.« Er erzählt mir, der einzige Weg, Holz zu bekommen, sei für sie, zur Polizei zu gehen und dort konfisziertes, illegales Holz zu kaufen. Das sei aber teuer. Es fällt mir schwer, diese Geschichte zu glauben. Versuchsweise erzähle ich sie in den nächsten Tagen verschiedenen anderen Leuten. Und nach kurzem Nachdenken ist die Antwort immer die gleiche: »Doch, das kann ich mir schon vorstellen.«

Der Umgang mit Holz ist in Kalimantan gesetzlich streng reguliert. Niemand, mit dem ich spreche, beschwert sich über laxe Regeln. Dafür aber über die laxe Durchsetzung der strengen Regeln. Ich erfahre, dass die Firmen, die eine Holzkonzession haben, theoretisch verpflichtet sind, einen geringen Prozentsatz des Holzes auf den lokalen Märkten zu verkaufen. Praktisch kommen die Firmen dieser Verpflichtung oft nicht nach. Es ist nicht lukrativ genug.

Zertifikate weisen legales Holz aus. Das bedeutet, es kommt aus einer Konzession, in der theoretisch gesetzliche Rahmenbedingungen wie beispielsweise Einschlagsabstände eingehalten werden. Kontrollen sind nicht überall gleich häufig. Bis zur Weiterverarbeitung gibt es viele Möglichkeiten, illegales Holz mit Zertifikaten für legales Holz zusammenzubringen. Auch wenn also noch jede Menge Nachbesserungsbedarf besteht, gibt es auch Bemühungen, die Situation zu verbessern. Der EU-Aktionsplan gegen illegalen Holzeinschlag sieht unter anderem das sogenannte

Holztransport

FLEGT-Genehmigungssystem für Holzeinfuhren aus Partnerländern vor.[28] Dabei ist es eines der erklärten Ziele, dass die Länder der Europäischen Union nur noch nachweislich legales Holz importieren sollen. Indonesien war das erste Land, das 2016 ein Legalitätssicherungssystem gemäß der FLEGT-Bedingungen etabliert hat.

Teilweise führen die strengen indonesischen Gesetze zu absurden Resultaten: So darf Ulin eigentlich nicht eingeschlagen werden, doch de facto werden Personen, die Ulinholz transportieren, das kürzer als zwei Meter ist, nicht verfolgt. Was läge da näher, als einen schönen, wertvollen Stamm in 1,90 Meter große Stücke zu zerteilen? Dadurch entsteht ein Wertverlust. Die Folge: Für die gleiche Menge Geld muss mehr Ulin-

28 FLEGT steht für Forest Law Enforcement, Governance and Trade. Weiterführende Informationen finden sich auf der offiziellen FLEGT-Website der Europäischen Union: www.flegt.org/flegt-global.

holz den Wald verlassen. Auch viele andere Hölzer werden bereits vor Ort für den besseren Transport in Stücke geschnitten und zu Brettern gesägt. Wegen der abfallenden Späne geht dabei viel Holz verloren. Von der Ernte über die Beschaffung bis zur Verarbeitung bleibt so jede Menge Material auf der Strecke. Zu allem anderen, was auf den Wald drückt, kommt also auch noch eine ineffiziente Nutzung hinzu.

In den Straßen von Palangka Raya sehe ich kaum mehr Holzhäuser. Stattdessen viel Beton und oft nicht den besten: Mir fallen zahlreiche Risse in Außenwänden auf. Bisher scheint das ein Stadtphänomen zu sein, denn außerhalb von Palangka Raya sind die Häuser aus Holz. Ich erfahre, dass Holz als Baumaterial bei den Menschen nicht mehr so beliebt ist wie früher. Gutes Holz ist heute sehr teuer, schlechtes Holz nicht langlebig genug. In der Stadt könnte man den Eindruck bekommen, dass viele Leute Holzhäuser altmodisch finden.

Es war und bleibt eine große Aufgabe für Fairventures, die Dayak von den Vorteilen von Leichtholz zu überzeugen. Panduh erklärt mir, dass die Menschen hier viele Holzarten, die nicht so schwer und hart sind, als weitgehend nutzlos erachten. Tatsächlich lässt sich Leichtholz nicht auf die gleiche Weise einsetzen wie Hartholz, aber man kann es deshalb kaum pauschal als »nutzlos« bezeichnen. Erst durch die Verarbeitung wird aus Leichtholz ein gutes Material: Der Baumstamm wird geschält, und die einzelnen Stücke werden anschließend in mehreren Schichten zu großen Sperrholzplatten verleimt. Dadurch gewinnt das vermeintlich minderwertige Holz an Stabilität. Eine effiziente Methode, denn bei der Verleimung können auch relativ kleine Bäume und viele ihrer Teile verwendet werden.

Leichtholz ist überall dort sinnvoll, wo geringes Gewicht ein Vorteil ist. Beim Bau von Gebäuden ist Leichtholz eine umweltfreundliche

Sengonholz in gebogenen Trägern

Alternative, denn im Gegensatz zum Stahl speichert es CO_2 und ist im Falle eines Brandes widerstandsfähiger. Sengonholz ist extrem leicht. Als ich das erste Mal eine Scheibe von etwa 30 Zentimeter Durchmesser hochheben möchte, stelle ich mich darauf ein, meinen ganzen Körper einsetzen zu müssen. Völlig unnötig: Die Scheibe wiegt so wenig, dass ich sie stundenlang durch die Gegend tragen könnte.

Ein großer Vorteil von Leichtholz ist seine schnelle Verfügbarkeit. Sengon braucht vom Setzling bis zur Ernte nur etwa sieben Jahre. Wenn es also gut geplant angebaut wird, kann man sich relativ rasch an die Bedürfnisse des Marktes anpassen. Während meiner Reise stoße ich immer wieder auf Sengonfelder, die teilweise mehrere hundert Kilometer vom »One Million Trees«-Projektgebiet entfernt sind. Der Sengon dort ist höchstens ein Jahr alt.

Ich habe den Eindruck, dass sich das Image von Leichtholz in Kalimantan innerhalb der letzten fünf Jahre bereits deutlich verbessert hat. Je mehr man mit Leichtholz arbeitet, desto mehr lernt man über seine Eigenschaften und Parameter. Dieses Wissen ist in Kalimantan für Sengon momentan noch nicht so verbreitet wie für andere Harthölzer.

Auf Java ist man schon weiter. In der Nähe von Semarang in Zentraljava kann ich die Firma PT Albasia Batang Sejahtera besuchen. Dort wird Sengon zersägt und verarbeitet. Ich weiß nicht so recht, was ich erwarten soll. Aus meinem alten Betrieb in Deutschland kenne ich die industrielle, technisierte Fertigung am Band. Mit Sicherheitskleidung, Ergonomieschulung und regelmäßigen Pausen. Fabriken in Südostasien habe ich bisher nur in Fernsehdokumentationen über schlechte Arbeitsbedingungen gesehen.

Mit diesem Bild hat die Fabrik, die ich besuche, nichts gemein. Alles ist gut organisiert, sauber und extrem ordentlich. Selbst der Ausschuss wird sortiert, was vermutlich nicht in jeder indonesischen Fabrik der Fall ist. Ein Teil davon wird später verfeuert, um das angelieferte Holz zu trocknen. Die Arbeiterinnen und Arbeiter tragen Atemschutzmasken wegen der Späne und des Staubs, der in der Luft liegt. Sie lachen und scherzen, auch kürzere Pausen während der Arbeitszeit scheinen kein Problem zu sein. 500 Menschen sind hier beschäftigt, in einer Schicht entstehen 120 Kubikmeter verarbeitetes Holz.

Ich beobachte die Menschen bei der Arbeit. Komplex ist der Prozess nicht: Fast alles wird von Hand oder mit einfachen Maschinen gemacht. Zwei bis drei Arbeiter rammen einen Sengonstamm in eine große Bandsäge und drücken den Stamm manuell durch. Auch wenn Sengon nicht so schwer ist, muss diese Arbeit extrem anstrengend sein. Dafür verdienen die Männer an der Säge besser als ihre Kollegen in der Ferti-

Sengon wird zu Platten verarbeitet

gungshalle; 100.000 indonesische Rupiah am Tag. Das sind knapp 6,50 Euro, sehe ich, als ich diese Summe in den Währungsrechner eingebe. Klingt für uns in Deutschland nach weniger, als es in Indonesien ist, auch wenn man damit natürlich nicht reich wird. Unter der Bandsäge befindet sich eine Grube, in die das feine Sägemehl fällt. Ein Arbeiter steht in der Grube und schaufelt das Mehl in einen Korb, dessen Inhalt auf einen Laster gekippt wird. Das Sägemehl wird als Brennmaterial für die Ziegelherstellung verwendet.

Wenn der Sengon auf etwa drei Millimeter Furnierdicke geschält ist, werden daraus Sperrholzplatten gefertigt. »Die höchste Qualitätsstufe verkaufen wir nach Japan, die darunter nach Europa und in die USA«, erzählt der Geschäftsführer. Ob ich es meinem Ausländerbonus zu verdanken habe, ob die Hierarchien in Indonesien flacher sind oder ob es an dem guten Leumund von Fairventures liegt, kann ich nicht so recht einschätzen; ich bin nur immer wieder überrascht, wie leicht ich hier Zugang zu Menschen bekomme, die zu Hause in Deutschland nicht mal am Telefon mit mir sprechen würden. Ich frage den Geschäftsführer, ob er mit ausreichend Sengon beliefert wird. »Im Moment schon noch«, lautet seine Antwort. Während er spricht und gestikuliert, fällt mir auf, dass an seinem Ringfinger das oberste Glied fehlt. Er scheint früher selbst mit der Säge gearbeitet zu haben. »Wir können unseren Bedarf mit javanischem Sengon decken. Aber wenn die Nachfrage nach Sengon weiter steigt, müssen wir andere Quellen erschließen.«

Bisher findet die Leichtholzverarbeitung hauptsächlich auf Java statt. Hier gibt es eine landwirtschaftliche Tradition, und Holz, auch Sengon, wird schon seit einigen Jahren angebaut. In Kalimantan gab es früher viele Sägewerke, die Tropenholz verarbeitet haben. Als immer weniger Nachschub kam, verschwanden viele davon. Das mittelfristige Ziel von

Sortierung und Transport von Sengon auf Java

Fairventures ist es, in Kalimantan wieder Strukturen für eine Holz verarbeitende Industrie aufzubauen, dieses Mal für Leichtholz aus Agroforstsystemen. Die Prognosen besagen, dass die Nachfrage nach Leichtholz kontinuierlich steigen wird. Aus Mangel an Alternativen, aber auch weil seine Vorteile immer bekannter werden. Es bestehen gute Aussichten, dass der Preis für Sengon einigermaßen stabil bleibt.

Ein marktorientierter Ansatz also, der Arbeitsplätze in Kalimantan schaffen und die Wertschöpfung steigern soll. Doch nicht nur wegen der Wertschöpfung ist es wichtig, dass die Weiterverarbeitung in Kalimantan stattfindet: Hinzu kommt noch, dass der Transport von Rundhölzern nach Java verhältnismäßig teuer ist. Anders als bei den sehr wertvollen Edelhölzern aus dem Regenwald fallen die Transportkosten bei dem deutlich günstigeren Sengon stärker ins Gewicht.

Der »One Million Trees«-Ansatz ist der Versuch, eine alte Idee der Entwicklungszusammenarbeit in die Moderne zu überführen: Holz und Holzverarbeitung. Nicht auf Kosten des Waldes, sondern auch für den Wald. So soll Druck vom verbleibenden Wald genommen werden und Holz nicht mehr als Entwaldungstreiber dienen.

Kautschuk

Der Baum, vor dem wir stehen, hat schon unzählige Male geblutet. Ich sehe es an der breiten, wulstigen Narbe, die sich um den Stamm zieht. Man sieht auch, dass das Narbengewebe alt und verwachsen ist. Lange Zeit ist keine neue Verletzung dazugekommen. Doch heute ist es wieder so weit. Mit einer scharfen Klinge wird der Stamm ringförmig angeritzt: ein auf einer Seite nach unten geneigtes Oval. Schon treten die ersten Tropfen weißlicher Milch aus. Ein Blatt wird gepflückt und in die tiefste Stelle des neuen Schnitts gesteckt. Die Milch rinnt an dem Blatt entlang,

Angezapfter Gummibaum

tropft auf den Boden und wird dort in einem hohlen Bambusrohr gesammelt.

Würden wir eine Weile warten, würde sich die Masse verfestigen und die gummiartige Konsistenz annehmen, derentwegen sie weltweit lange so begehrt war. Wir warten aber nicht. Niemand ist daran interessiert, morgen wieder hierherzukommen und das bisschen Kautschuk abzuholen. Was hier noch vor ein paar Jahren ernsthaft betrieben wurde, ist heute nur noch eine Demonstration für mich.

Ich bin in einem kleinen Kautschukwald, der nicht mehr bewirtschaftet wird. Keine Seltenheit in Kalimantan: Der Kautschukpreis ist vor acht Jahren so rapide gefallen, dass sich die mühsame Arbeit kaum mehr lohnt. Heute ist derselbe Kautschuk nur noch etwa ein Viertel so viel wert wie damals. Würde ich in zwei Jahren wieder hierherkommen, könnte es gut sein, dass ich ein paar verkohlte Kautschukstämme und dazwischen kleine Ölpalmensetzlinge sehe.

Viele Dayak besitzen brach liegende Kautschukwälder. Das Risiko, dass zufällig oder absichtlich ein Feuer die Kautschukbäume vernichtet oder das Land verkauft wird, ist groß. Kautschuk hat zwar keinen so hohen Wert für Ökosystem und Klima wie ein Primärwald, aber dennoch binden die Bäume größere Mengen an CO_2, und gerade in älteren Kautschukwäldern können verschiedene Tier- und Pflanzenarten wieder gedeihen. Es wäre gut, die alten Wälder wieder sich selbst zu überlassen. Es wäre aber auch unangemessen, in einer Gegend, in der Anbaufläche so hart umkämpft ist, einen solchen Verzicht von den Kleinbauern zu verlangen.

Vor ein paar Jahrzehnten wurden die Waldflächen in Kalimantan nicht nur wegen des Holzes gerodet, sondern auch um Platz für den Kautschukanbau zu schaffen. Wie so oft muss man auch hier differenzieren: Kleinbauern rodeten in der Regel überschaubare Flächen, um darauf im ersten Jahr Reis und im zweiten Kautschuk anzubauen. Diese kleinen Wäldchen waren für das Ökosystem relativ unproblematisch. Anders sieht es mit großflächigen, professionell gemanagten Kautschukplantagen aus, für die viel Regenwald weichen musste und die die typischen Probleme von Monokulturen mit sich brachten.

Ursprünglich ist der Gummibaum im Amazonasbecken beheimatet. Die Portugiesen waren begeistert von den wasserabweisenden Eigenschaften des Kautschuks und lösten bereits in der Mitte des 19. Jahrhunderts den ersten Kautschukboom aus. Nach einigen erfolglosen Versuchen gelang es schließlich Anfang des 20. Jahrhunderts, die exportierten Samen in Malaysia erfolgreich zu pflanzen. Von da an breitete sich die neue Pflanze rapide in Südostasien aus. Der milchige Saft ist ein nachwachsender Rohstoff. Er schützt den Baum vor Schädlingsbefall, weil eine

Verletzung der Rinde damit schnell verkittet werden kann. Alle zehn bis 14 Tage kann ein neuer Schnitt gesetzt und Kautschuk geerntet werden. Und das über eine sehr lange Zeit hinweg – bis ein Baum 25 Jahre alt ist.

Als Geld in Kalimantan wichtig wurde, war die Kautschukernte eine gute Möglichkeit, mit einer leicht zu erlernenden Tätigkeit welches zu verdienen. Viele Dayak haben mir erzählt, dass die Arbeit in den Kautschukplantagen trotzdem körperlich sehr hart war.

Kautschuk ist immer noch ein wichtiges indonesisches Exportgut. Etwa 70 Prozent des weltweit gehandelten Naturkautschuks werden für die Reifenproduktion benötigt. Nach Thailand ist Indonesien der zweitgrößte Produzent. Es ist aber davon auszugehen, dass die Bedeutung des Kautschuks für Indonesien weiter abnehmen wird. Zum einen, weil synthetischer Kautschuk weltweit eine immer größere Rolle spielt, und zum anderen, weil auch das Angebot an Naturkautschuk auf den Weltmärkten steigt und wohl noch weiter steigen wird. In Afrika weiten sich die Anbaugebiete aus – auch auf Kosten der dortigen Wälder.

Je mehr ich über die Geschichte des Kautschuks in Kalimantan höre, desto mehr beschleicht mich der Verdacht, dass einem neuen Exportprodukt eine ähnlich ruinöse Preisentwicklung bevorsteht. Eigentlich haben die Häuser in Kalimantan nur ein Stockwerk. Deswegen wirken die schmalen, hohen Türme, die selbst in abgelegenen Dörfern zwischen Häusern und Feldern aufragen, so auffällig. Manchmal stehen zwei oder drei davon so dicht nebeneinander, dass gerade ein Mensch dazwischen durchgehen kann. Wenn etwas gebaut wird, ist es fast immer ein solcher Turm. Mehrmals habe ich in Wohnzimmern von etwas wohlhabenderen Kleinbauern einen Bausatz für den nächsten Turm gesehen. Fast jeder hält es offenbar für eine gute Idee, einen Turm zu bauen, obwohl sich das bei Weitem nicht jeder leisten kann.

Doch nicht für Menschen sind diese Türme gedacht, sondern für Salanganen. Der Turmbesitzer will die Nester der Vögel aus dem Giebel holen und sie über Zwischenhändler für gutes Geld nach China verkaufen. Denn dort gelten diese Nester, die hauptsächlich aus fest gewordener Speichelmasse der Tiere bestehen, als Delikatesse. In Kalimantan isst sie kaum jemand. Sogar mir gelingt es ausnahmsweise, die Angebote der Turmbesitzer abzulehnen. »Ich hebe meine Nester lieber noch eine Weile auf. Jetzt verkaufe ich sie nicht. Der Preis wird immer schlechter. Ich will warten, bis er wieder besser ist«, höre ich von einigen. Ich will nicht behaupten, mich in Konjunktur- und Preisentwicklung auszukennen, aber die vielen Türme, die sich noch in unterschiedlichen Stadien der Fertigstellung befinden, lassen mich eher vermuten, dass die Preise sich nicht auf wundersame Weise erholen werden.

Die Türme sind aktuell kein Entwaldungstreiber. Im Gegenteil, noch generieren sie Einkommen, was dem verbleibenden Wald eher zugutekommt. Die Frage ist, wie es mit den Türmen weitergeht. An ihnen kann man beobachten, in was für Schwierigkeiten der Kapitalismus Menschen bringt, die nicht seit Generationen mit dieser Art des Denkens und Wirtschaftens vertraut sind. Anders als Holz haben Vogelnester oder Kautschukmasse an sich keinen Wert für die Dayak – sie bekommen ihn nur dadurch, dass jemand im Ausland bereit ist, Geld dafür zu bezahlen.

Gold

»Du bleibst erst mal im Hintergrund. Lass mich vorgehen und mit ihnen reden. Mir vertrauen sie eher als dir«, sagt Monalisa. Das bezweifle ich nicht. Doch auch Monalisa scheinen die Goldminenarbeiter nicht so richtig zu vertrauen. Ein junger Mann schlägt Alarm, als er uns beide auftauchen sieht. In Sekundenschnelle stehen die Generatoren still, und ein Arbeiter springt in den See. Monalisa schreit etwas auf Dayak und gestikuliert wild. Sie wendet sich abwechselnd an den Aufpasser und die Männer in der Goldmine. Ich habe keine Ahnung, wie sie das gemacht hat, aber die Situation beruhigt sich. Die Goldsucher versuchen nicht mehr zu fliehen.

»Komm her«, ruft Monalisa.

Ich bin nervös. Vielleicht nicht nervös genug: Ich weiß ja nicht, welches Maß an Nervosität im Moment angebracht wäre, weil ich keine Ahnung habe, wie gefährlich das hier gerade ist. Zwei Tage später sagt mir Monalisa: »Ich habe noch im Nachhinein Angst. Aber wir mussten das machen. Schließlich will ich, dass dein Buch gut wird.«

Ich komme langsam näher, die Männer starren mich an. Dann winken sie uns zu sich.

»Sie dachten, du wärst von der Polizei«, erklärt mir Monalisa, »aber ich habe ihnen erzählt, dass du aus Deutschland kommst und ein Buch schreibst.«

Als würde das irgendetwas erklären oder mehr Vertrauen wecken. Ich wundere mich, dass Männer, die in einer illegalen Goldmine arbeiten, so gutgläubig sind. Andererseits habe ich in Kalimantan schon öfter die Erfahrung gemacht, dass die Dayak von Fremden, auf die sie treffen, erst einmal Gutes denken. Eine beeindruckende Art, anderen Menschen zu begegnen, die die Dayak leider in den letzten Jahrzehnten viel Wald und Land gekostet hat.

Vor uns liegt ein See, der aber noch durch einen kleinen Zu- und Abfluss aus einem Seitenarm eines großen Flusses gespeist wird.[29] Auf dem Wasser schwimmt eine selbst zusammengebaute Anlage zum Goldsu-

29 Die Goldminenarbeiter haben sich gerne fotografieren lassen, mich aber darum gebeten, dass der Standort der Mine nicht genannt wird.

Dieselgenerator und Pumpe in der Goldmine

chen. Das Konstrukt besteht hauptsächlich aus dünnen alten Holzbrettern, die ihre besten Tage schon sehr lange hinter sich haben. Die Bretter sind zusammengenagelt und verbinden die einzelnen Elemente, die nötig sind, um Gold vom Grund des Sees zu gewinnen. Große rostige Tonnen zwischen den Brettern sorgen dafür, dass die Anlage nicht untergeht. Der Motor, der das Saugrohr antreibt, ist wahnsinnig laut, faucht und spuckt. In meinem Kopf formt sich das Wort »Höllenmaschine«.

Für weitere Gedanken ist es zu laut. Ich schaue zu, wie das viele Schlammwasser unablässig über das Förderband läuft. Die Bezeichnungen »Saugrohr« und »Förderband« haben einen fast schon industriellen Anklang, aber mit Industrie hat das, was ich sehe, wenig zu tun. Technisch komplex ist diese Art der Goldgewinnung nicht. Das Förderband ist eigentlich eine Waschrinne. Dicke abgesägte Äste stützen Teile der Konstruktion. Kanister mit Diesel stehen herum. Wellblech über zwei Holzsitzen, auf denen man mit ebenfalls selbst gebauten Holzpedalen das Saugrohr bewegen kann, schützt die Arbeiter vor der Sonne. Das ist dringend nötig, denn auf dem schwimmenden Konstrukt ist es unerbittlich heiß. Die Männer rauchen wie verrückt. Ich ertappe mich bei dem Gedanken, dass die vielen Zigaretten wohl im Vergleich zu den anderen Gesundheitsproblemen, die ihre Arbeit verursacht, zweitrangig sind. Neben den Verletzungsrisiken und vermutlich auch der Gefahr einer Explosion oder eines anderen Arbeitsunfalls ist das hochgiftige Quecksilber das Hauptproblem. Es schädigt die Nieren und kann verschiedene neurologische Erkrankungen auslösen.

Was die Männer suchen, ist Gold, das sich im Sediment des Flussbettes abgelagert hat. Im Gegensatz zum Tagebau, bei dem die Goldnuggets direkt aus dem Gestein herausgelöst werden, ist das Gold hier als Staub in den tieferen Bodenschichten verteilt. Vermutet man an einer Stelle Gold, baut man sich eine solche Förderanlage, wühlt den Grund ein paar Meter tief auf, lässt den Schlamm, an dem die Hoffnungen hängen, über die Waschrinnen laufen und separiert so einen Großteil des Sediments vom Goldstaub. Der Goldstaub, der eine andere Dichte hat, setzt sich mit Resten des Sediments auf einer Waschmatte ab. Um das Gold herauszulösen, gibt man Quecksilber hinzu. Das Quecksilber geht eine Verbindung mit dem Goldstaub ein, sie bilden ein Amalgam. Die kleinen Goldamalgamklümpchen können die Arbeiter nun aus dem Wasser nehmen, häufig mit bloßen Händen. Im Wasser bleibt Quecksilber zurück.

Innerhalb weniger Jahre wurden auf diese Weise in Kalimantan zahlreiche Flüsse vergiftet. Eigentlich sollte man nicht einmal mehr darin baden und schon gar nicht den Fisch daraus essen oder das Wasser trinken. Die größte gesundheitliche Strapaze aber steht den Goldsuchern noch bevor: Im letzten Schritt lösen sie das Quecksilber wieder aus dem Gold

– indem sie es bei großer Hitze verdampfen. Dabei lässt es sich kaum vermeiden, die Quecksilberdämpfe einzuatmen.

In Kombination mit anderen ungünstigen Veränderungen hat die Vergiftung der Flüsse zur Folge, dass viele Menschen, die an ihren Ufern leben, gezwungen waren und sind, das traditionelle Leben aufzugeben. Sie werden abhängiger von anderen Einkommensquellen, was letztlich zur Entwaldung beiträgt.

Andere Formen des in Kalimantan üblichen Goldabbaus schaden dem Wald auf noch direktere Weise. Wird in einer bewaldeten Gegend in der Nähe eines Flusses ein größeres Goldvorkommen vermutet, rodet man den umliegenden Wald. Das Erdreich wird mit einem Bagger ausgehoben oder weggeschwemmt, dann beginnt der Abbau mit dem Saugrohr. Wenn das Gold aus dem Boden geholt ist, zieht die Mine weiter. Zurück bleibt eine wüste Kraterlandschaft, in der die Vegetation oft keine Chance mehr hat.

Goldmine

Die Mine, die ich besuche, arbeitet in kleinerem Maßstab. Sechs Leute braucht es, um die Anlage am Laufen zu halten. Außerdem müssen sie den ständig ausfallenden Motor wieder in Gang bringen oder andere provisorische Reparaturen vornehmen. Die Plattform ist wacklig, ich habe Mühe, nicht ins Wasser zu fallen, nicht barfuß in einen rostigen Nagel zu treten und nichts Falsches einzuatmen. Die Männer hier arbeiten jeden Tag unter diesen Bedingungen, teilweise seit mehr als einem Jahrzehnt.

Aja ist 47 Jahre alt und sucht seit 15 Jahren nach Gold. Ich setze mich zu ihm unters Dach. Er tritt mit den Füßen in die Holzpedale und raucht. Plötzlich kommt es mir hier fast gemütlich vor. Als Aja mit dieser Arbeit anfing, wusch man das Gold noch wie hundert Jahren zuvor mit Sieben und Waschpfannen. Dann kam die Mechanisierung.

»Wir haben mit einer Maschine begonnen, die den Grund ansaugte und nach oben pumpte. Dann kam immer mehr dazu«, erzählt Aja, während Monalisa übersetzt.

»Warum hast du mit dieser Arbeit angefangen?«

»Früher habe ich Kautschuk verkauft, um Geld zu verdienen. Das mache ich immer noch, doch da der Kautschukpreis immer weiter fiel, brauchte ich ein weiteres Einkommen. Ich dachte mir: Hier arbeiten so viele in einer Goldmine, das kannst du auch.«

Seit den 1980er-Jahren durchsuchen Menschen in der Umgebung von Ajas Dorf den Boden nach Gold.

»Am Anfang habe ich damit ganz ordentlich verdient. Ich habe viel Gold gefunden. Aber in den letzten fünf Jahren wurde es immer weniger.«

Die Konstruktion, auf der wir sitzen, gehört keinem anonymen Großkapitalisten, sondern Aja und seinen Kollegen. Es gibt zwar auch große, von Firmen betriebene Goldminen in Kalimantan, aber viele arbeiten nach dem Modell von Aja und seinen Kollegen. Daher kann ich von ihrer Plattform aus schon die nächste Anlage sehen. Der Fluss und seine Umgebung wirken wie umgegraben. Jeder im Dorf weiß, was die Männer hier machen. Auch die Polizei weiß es, aber Kontrollen sind selten, oder die Polizisten schauen für wenig Geld weg.

»Sie wissen ja, dass wir von der Goldsuche abhängig sind«, sagt Aja.

Er weiß aber auch, dass der Goldabbau in Kalimantan keine Zukunft hat. »Es ist schwer, überhaupt noch einen guten Ort dafür zu finden. Die Leute haben schon überall hier nach Gold gesucht. Ich bin froh, wenn es noch drei Jahre lang gut geht, aber vielleicht ist es auch schon im nächsten Jahr vorbei damit.«

Ich frage Aja, ob er nicht in der Landwirtschaft arbeiten könnte, doch er winkt ab. Lieber arbeitet er bis zum letzten Tag mit Ansaugrohr und Waschrinne.

»Die Arbeit in der Goldmine ist hart. Aber jede Arbeit, mit der man hier Geld verdienen kann, ist hart. Das macht für mich keinen Unterschied.«

Ich sage nichts.

»Ich weiß, dass diese Arbeit nicht gut für die Gesundheit ist, aber so leben wir eben«, fügt Aja hinzu.

Sein Kollege Adus legt den Teppich in der Waschrinne ab und kommt zu uns. Auch er möchte über das Goldwaschen sprechen. Er ist 26 Jahre alt. Mit elf verließ er die Schule, um den ganzen Tag in der Goldmine arbeiten zu können. Auch er glaubt, dass die Goldsuche ein Ende haben wird.

»Aber welche Möglichkeiten bleiben mir dann?«, fragt er. »Vielleicht versuche ich es mit Landwirtschaft, wenn es hier kein Gold mehr gibt. Aber die Preise für alles, was ich selbst auf einem Feld anbauen könnte, sind so schlecht. Mit den Maschinen könnte es besser werden.« Offenbar hofft er, dass die Landwirtschaft durch eine teilweise Mechanisierung finanziell einträglicher wird und dass die Maschinen die Arbeit erleichtern – ähnlich wie er es im Laufe der Jahre bei der Goldsuche erlebt hat. Adus muss Frau und Kinder ernähren. Sechs Tage in der Woche arbeiten die Männer hier in der Mine, sonntags geht Adus mit seiner Familie in die Kirche.

Die Atmosphäre in der Mine verändert sich ständig. Mal wirkt sie bedrohlich, mal hart, dann wieder entspannt. Ich weiß, wie katastrophal der Goldabbau für die Umwelt und die Menschen ist, aber man erkennt das nicht auf den ersten Blick.

Und dann kommen die Kinder. Schule aus. Sie springen ins Wasser, schwimmen zu ihren Vätern. Die Goldmine ist auf einmal ein Klettergerüst in einem Badesee. Kinder turnen auf den Balken herum, reden auf ihre Väter ein, spritzen und kreischen. Ich würde am liebsten auch ins Wasser springen. Aber im Gegensatz zu ihnen kann ich nicht ganz vergessen, was in diesem Wasser ist. Ich habe so viel gesehen, während meiner Recherche, aber diese Badeseeszene hat sich mir besonders eingebrannt. Für mich zeigt sich daran die ganze Widersprüchlichkeit, mit der die Dayak im heutigen Kalimantan leben müssen. An vielen Orten verschmutzen ein paar Goldsucher mit ihrer Arbeit, die gerade so zum Leben reicht, den Fluss, der durch ihr eigenes Dorf fließt. Kennengelernt habe ich trotzdem keine Umweltverschmutzer, sondern Menschen, die ihre Familie versorgen möchten.

Zwischen zehn und 15 Prozent des weltweit bereits geförderten Goldes werden industriell genutzt, lese ich zu Hause in Deutschland, zum Beispiel für Halbleiter. Etwa die Hälfte wird zu Schmuck verarbeitet, und ungefähr ein Drittel wird von Menschen mit großem Sicherheitsbedürfnis, von Pessimisten oder Anlegern, die ihr Portfolio optimieren wollen, gekauft und ungenutzt in Tresore gesperrt. Ich frage mich, was Aja und

Adus dazu sagen würden, dass wir ihr unter so riskanten Bedingungen gefördertes Gold kaufen, um uns sicherer zu fühlen.

Über die Herkunft des Edelmetalls weiß man in der Regel nichts. Kleine Klümpchen von überall her werden zu Barren verschmolzen – zusammen mit den Geschichten der Menschen, die das Gold gefunden haben.

Palmöl

Rere und seine Freunde wollen mich nicht nach drinnen begleiten. Mich einfach allein lassen wollen sie aber auch nicht, also sitzen wir noch im Auto. Ich bin inzwischen lang genug in Kalimantan, um zu wissen, dass zwei starke Kräfte in ihnen einen Kampf ausfechten: die Furcht vor Geistern und die Gastfreundschaft. Bei Rere siegt schließlich die Gastfreundschaft. Die anderen drei sind vermutlich erleichtert.

Wir befinden uns auf unserer zweitägigen Reise zur Tiwah-Zeremonie und übernachten in Sampit bei der Familie von Rere, einem meiner vier Begleiter. Er ist der Einzige, der aus dieser Gegend kommt. Das Haus, in dem ich schlafen soll, wird seit einiger Zeit kaum mehr betreten. Der Grund: Dort soll es von Geistern nur so wimmeln. Rere ist es sichtlich unangenehm, mich in dieses Gästehaus zu bringen, aber er hat keine Wahl, denn seine Familie ist streng. Ich darf nicht mit ihm und den anderen im Haus seiner Familie schlafen, weil ich als Frau allein mit vier Männern unterwegs bin. Es ist das einzige Mal während der ganzen Reise, dass ich wegen meines Geschlechts spürbar anders behandelt werde. Dass eine Familie ein separates Gästehaus hat, kommt mir völlig unsinnig vor.

Erst kurz vor unserer Ankunft habe ich Näheres über Reres Verwandte erfahren. Sie besitzen Gold- und Kohleminen, große Palmölplantagen und streben einen Sitz im indonesischen Parlament an. Der Rest ist meiner Vorstellung überlassen. Wir fahren durch das elektrische Tor der umzäunten Wohnanlage und halten vor dem mehrstöckigen, viel zu großen Haus, in dem ich schlafen soll. Vor der Eingangstür sitzen zwei Wächter, die aber nicht wachen, sondern dösen. Ich trete ein und komme kaum damit zurecht, was ich sehe: Das Erdgeschoss besteht aus einem einzigen weitläufigen Raum. Marmorboden. Eine ausgedehnte Ledercouchgarnitur mit kleinen Tischchen, die aussieht wie eine lange Tafel. An der Längsseite der Wand ist Spiegel neben Spiegel eingelassen, und über jedem Spiegel hängt eine Klimaanlage. Blaue Neonröhren beleuchten den Raum. Nichts hier ist gemütlich. Mein Schlafzimmer befindet sich im ersten Stock. Von der Decke tropft es, das Bett ist zerwühlt. Frühere Gäste haben in den Aschenbechern ihre Spuren hinterlassen. Oder Geister.

Rere hat schon meine Zimmertür geschlossen und beeilt sich, das Haus zu verlassen. Ich kann verstehen, dass er und die anderen dieses Gebäude nicht betreten wollen. Die Atmosphäre hier drinnen ist alles andere als freundlich, und kurz überlege ich sogar, ob ich nicht doch beim Schlafen das Licht anlassen soll. Geister sehe ich auch in dieser Nacht keine. Aber ich spüre hier den Geist von sinnlos ausgegebenem Geld.

Am nächsten Tag fahren wir von morgens bis abends durch Palmölplantagen. Die Wege sind so schlecht, dass mein Kopf ständig an das Jeepdach stößt. Alle paar Stunden taucht ein Dorf in der eintönigen Landschaft auf. Was mich bedrückt, sind nicht bloß die Palmen, sondern auch die kleinen Hütten, die ich am Straßenrand sehe. Die Familien, die hier leben, haben keinen Geländewagen wie wir, sondern höchstens einen Roller. Damit kommt man auf den Wegen durch die Plantagen nur langsam voran. Und das bedeutet, sie sitzen in einem grünen Gefängnis fest, sind Tag und Nacht Giften ausgesetzt. Auch die Lebensmittel, die sie auf ein paar Quadratmetern neben dem Haus anbauen, sind vermutlich kontaminiert. Fast genauso schlimm stelle ich es mir vor, nie etwas anderes zu Gesicht zu bekommen: Ganz gleich wohin sie laufen oder fahren, es sieht genauso aus wie vor ihrer Haustür. Wie mag das für die Kinder sein, die hier aufwachsen?

Einige der Plantagen auf unserem Weg gehören der Familie, bei der ich übernachtet habe.

Warum die Pflanze nicht gut für die Natur ist, ist schnell erzählt: Sie steht am Ende eines Entwaldungszyklus.[30] Werden die Setzlinge auf durch Feuer oder maschinell gerodetem und entwässertem Torfmoorboden gepflanzt, wie es in Kalimantan oft der Fall ist, ist die CO_2-Bilanz eines Kilos Palmfett katastrophal. Biodiversität gibt es nicht mehr, der Boden degradiert, der Ölpalme werden großen Mengen an chemischem Dünger, Unkrautvernichtungs- und Schädlingsbekämpfungsmitteln zugeführt. Diese beeinflussen natürlich nicht nur die Entwicklung der Palmen, sondern auch deren Umgebung. Besonders kritisch wird es, wenn ein Fluss in der Nähe vorbeifließt. Zwar gibt es einen gesetzlich vorgeschriebenen Mindestabstand, der aber oft nicht eingehalten wird. Dann landen die Chemikalien im Wasser, auch im Grundwasser.

Mir fällt auf, dass unter den Ölpalmen so gut wie nichts wächst. Manchmal sieht man dort ein bisschen Gras. Kein Vergleich jedenfalls zu den Sengonfeldern, die ich gesehen habe. Dort gedeihen Erdnüsse,

30 Für eine tiefer gehende Auseinandersetzung mit dem Thema Palmöl empfehle ich Bücher, die fachlich in die Tiefe gehen, wie etwa »Der Palmölkompass« von Frauke Fischer und Frank Nierula. Hier werden sowohl die Erzeugerseite als auch die Konsumentenseite in den Blick genommen und die komplexen Verflechtungen dieser Pflanze mit der dahinterstehenden Industrie aufgezeigt.

Palmölplantage

Kaffee, Kakao oder andere Zwischenfrüchte, die eine symbiotische Beziehung mit den Bäumen eingehen und sich gegenseitig in ihrer Entwicklung unterstützen. Nach drei bis fünf Jahren hat sich der Palmsetzling zu einer kommerziell nutzbaren Pflanze entwickelt. Nach weiteren 25 Jahren ist die Palme zu alt und zu groß geworden, um noch ertragreich zu sein.

So alte Palmölplantagen gibt es kaum in Kalimantan. Die Plantagen, die auf dem Weg zum »One Million Trees«-Projektgebiet liegen, sind noch recht jung, die im Süden der Insel etwas älter. Mich beunruhigt die Vorstellung sehr, dass jahrhundertealter Wald, der noch viele weitere Jahrhunderte vor sich gehabt hätte, einer Nutzungsform weichen musste, die nur etwa 25 Jahre lang funktioniert – mit Glück vielleicht ein weiteres Mal 25 Jahre, aber mehr nicht. Wald und Waldböden als Einmalprodukt. 25 Jahre – das ist nur eine Generation.

Je höher eine Palme wächst, desto gefährlicher wird die Ernte für den Arbeiter. Er versucht, mit einem langen Stiel, an dem eine Art Klinge befestigt ist, an die orange-roten Früchte heranzukommen. Sie wachsen zusammen in einem Fruchtstand, der am Stück geerntet wird und schon mal 20 Kilogramm wiegen kann. Kein Gewicht, von dem man möchte, dass es einem aus mehreren Meter Höhe auf den Kopf fällt. Nach der Ernte werden die Früchte zur nächsten Ölmühle gefahren. Nicht nur einmal war ich während meiner Reise in der absurden Situation, in einem Palmfruchttransporterstau zu stehen. Eine endlose Reihe schmutziger gelber Lastwagen, auf deren Ladefläche die Früchte hervorblitzen. In der Ölmühle wird aus dem Fruchtfleisch Palmöl und aus den Kernen Palmkernöl gewonnen.

Nach dem fertigen Öl giert die ganze Welt. Etwa jedes zweite Produkt in unseren Supermärkten enthält Palmöl. Es hat eine hervorragende Hitzestabilität, macht Produkte streichfähig, eignet sich für die Futtermittel- und Kosmetikartikelherstellung, für Waschmittel und für Biokraftstoff. Überspitzt gesagt: Wir verfahren den Regenwald und die Zukunft dieser Insel in unseren Tanks. Es war nicht zuletzt auch die Biospritpolitik der Europäischen Union, die die Ausbreitung von Palmölplantagen auf Borneo mit vorangetrieben hat. Immerhin hat das Europäische Parlament Anfang 2019 entschieden, dass dem Diesel beigemischtes Palmöl nicht mehr auf die Erreichung der EU-Ziele für umweltfreundliche Kraftstoffe angerechnet werden kann. Mit Palmöl im Tank zu fahren gilt also immerhin nicht mehr als Klimaschutz.

Bei uns hat Palmöl inzwischen einen sehr zweifelhaften Ruf. Immer mehr Verbraucher versuchen, ihr Einkaufsverhalten entsprechend anzupassen, und setzen je nach Produkt auf Alternativen wie Kokos oder Raps. Was wie eine gute Lösung klingt, ist es leider nicht wirklich. Denn bisher gibt es keine Ölpflanze, die effizienter ist als die Ölpalme. Jede (nachwachsende) Alternative hat einen viel höheren Flächenverbrauch. Kokos zum Beispiel benötigt für die gleiche Menge Öl etwa fünfmal so viel Fläche. Damit steigt der CO_2-Fußabdruck des Ersatzprodukts enorm, und da die Fläche irgendwo herkommen muss, ist klar, dass das nicht ohne große soziale und ökologische Schäden geht. Man kann sicher diskutieren, ob Palmöl in den Tank gehört, ob man ordnungspolitisch stärker eingreifen sollte, ob nicht zumindest die Arbeitsbedingungen auf einem Feld in Deutschland viel besser sind und der Chemikalieneinsatz kontrollierter ist. Doch an einer Wahrheit kommt man nicht vorbei: Einfach ein anderes Produkt zu kaufen wird das Problem der weltweiten Konsumfreudigkeit nicht lösen. Die Nachfrage nach Palmöl treibt die Entwaldung in Kalimantan so rasant voran wie nichts anderes. Kalimantan liefert, wonach die Welt verlangt. Viele Palmölplantagen gehören – wenig überraschend – großen Firmen. An die Flächen sind die Firmen entweder über eine Konzession gekommen, oder sie haben sie Kleinbauern abgekauft. Es gibt auch ein Pachtmodell: Firmen pachten zusammenhängende Flächen verschiedener Kleinbauern, die nicht selten auch selbst dort arbeiten.

Eine Palmölplantage, die ich besucht habe, hatte eine Eigentümerstruktur, die wir wohl als »genossenschaftlich« bezeichnen würden. Ich habe aber auch Plantagen gesehen, die nur wenige Hektar oder nicht einmal einen Hektar groß waren. Sie gehören Kleinbauern, die selbst entschieden haben, Ölpalmen zu pflanzen. Auffällig ist, dass diese kleinen Plantagen oft schlechter gepflegt wirken. »Sie sind auch weniger ertragreich«, erzählt mir ein Förster von Fairventures. Eine solche Plantage in Schuss zu halten kostet viel Geld, deutlich mehr als die Pflege anderer Nutzpflanzen. Doch in dieser Größenordnung rechnet sich das Ganze oft nicht. So beginnt ein Teufelskreis für die Kleinbauern. Die Plantage ganz aufzugeben wäre noch ruinöser, als sie weiterzubetreiben.

Schlecht gemanagte Palmölplantagen von Kleinbauern haben aus ökologischer Sicht einen paradoxen Vorteil: Die Kleinbauern haben oft kein Geld für Chemikalien, was den Ertrag noch weiter senkt, aber die Umwelt weniger schädigt. Laut dem World Resources Institute gehört etwa ein Viertel der indonesischen Palmölfläche keinen großen Firmen, sondern Kleinbauern.[31] Ab und zu fahren wir durch Plantagen, die freundlicher wirken. Dort gibt es Wohneinheiten für die Arbeiter, einen kleinen Laden, eine Schule und ein Volleyballfeld. Kein Paradies, aber immerhin.

Warum schreibe ich das? Ich möchte niemanden entschuldigen, keine Landrechtsverletzungen durch Firmen, keinen Betrug, nichts. Schon gar nicht, was für Umweltschäden der Anbau der Ölpalmen anrichtet. Aber es ist mir wichtig, das, was ich gesehen und erlebt habe, zu erzählen – auch die Dinge, die sich nicht so gut in mein mitteleuropäisches Weltbild fügen. Und nur mit dem Finger auf die Firmen zu zeigen, würde der Komplexität des Problems nicht gerecht werden. Ich glaube nicht, dass es hilft, diese Pflanze zu verteufeln und ihre Effizienz zu verkennen. Palmölplantagen sind ein Symptom, keine Ursache.

Als wir wieder einmal vor einem Teller Nasi Goreng sitzen, frage ich Rere, welches Fett für das Gericht verwendet wurde. Er schaut mich ungläubig an und fragt sich wohl, warum ich gerade eine so dumme Frage gestellt habe. »Palmöl natürlich.«

---

31 Siehe www.wri.org/blog/2018/03/smallholder-farmers-are-key-making-palm-oil-industry-sustainable.

Kapitel 11

Wolfgang erzählt

Wolfgang verbrachte nach seinem Studium fünf Jahre in Indonesien und schuf zusammen mit Panduh, Jagau und vielen anderen die Grundlagen für das Sengonpflanzen in Kalimantan.

»Als wir die Samen hatten, habe ich gemerkt, dass es langsam ernst wurde«, erzählt er mir.

»Hattest du Angst?«, will ich wissen.

»Nein, Angst nicht. Ich hatte mir damals vor meinem Abflug viele Gedanken gemacht. Mit der Angst war ich durch. Aber ich habe den Druck gespürt, das Geld, das uns Leute als Vertrauensvorschuss gegeben hatten, auch wirklich sinnvoll einzusetzen.«

Wolfgang, der Kulturwissenschaftler, ging nach seinem Studium im Auftrag von Johannes nach Kalimantan. Zwischen seiner Abreise aus Deutschland und dem Moment, in dem er die Sengonsamen erhielt, lag eine Zeit voller Ungewissheiten. Fairventures war eine neu gegründete Organisation ohne Geldgeber. Er wusste nicht, wie lange er bleiben würde, sprach kein Indonesisch und kannte sich mit Südostasien nicht aus.

Wir sitzen zu Hause bei Wolfgang in Berlin auf dem Sofa. Wir haben an der gleichen Universität studiert, haben beide einen geisteswissenschaftlichen Hintergrund. Wolfgang hätte es bequemer haben können. An der Uni bleiben, sich weiter in seine Fachdisziplin vertiefen. Fachdiskussionen führen. Aber er hat sich anders entschieden.

Ein rastloses Leben begann. Fünf Jahre lang kam Wolfgang nicht richtig zur Ruhe. Umherreisen, pendeln zwischen Java, wo er mit seiner Freundin lebte, und Kalimantan, wo er meistens arbeitete. Ständige Wechsel zwischen allen Etagen des sozialen Aufzugs: Konferenzen in Fünfsternehotels auf Java, am nächsten Tag Schlammstraße und Schlafen auf dem Boden in Kalimantan. Vermutlich gewöhnt man sich nach einer Weile daran, aber was solche harten Kontraste mit dem Kopf machen, ist nicht zu unterschätzen.

»Rückblickend kann ich sagen, dass ich das erste halbe Jahr gebraucht habe, um Indonesisch zu lernen, in der Kultur anzukommen und um überhaupt bereit für den nächsten Schritt zu sein«, erzählt Wolfgang. Das Schöne an Indonesisch ist, dass man die Sprache tatsächlich relativ schnell lernen kann. Keine Deklinationen, keine Konjugationen, keine grammatikalischen Geschlechter. Je besser sein Indonesisch wurde, desto selbstverständlicher konnte Wolfgang sich in Kalimantan bewegen und einen guten Einsatzbereich für die neu gegründete Organisation suchen. Gemeinsam mit Panduh und Jagau grenzte er seine Nachforschungen immer weiter ein. Bei den Holz verarbeitenden Betrieben auf Java stießen sie schließlich auf Sengon. Hier hatte man das Problem des drohenden Holzmangels bereits erkannt. Als Tropenholz für die Betriebe immer teurer und schwieriger zu erhalten war, begann man, Sengon zu pflanzen und zu Sperrholz und Barecore[32] zu verarbeiten. Auf Java, wo viele Menschen traditionell von der Landwirtschaft lebten, lag dieser Gedanke nahe.

32 »Barecore« ist die englische Bezeichnung für eine Stabplatte, die man hauptsächlich als Innenlage für Tischlerplatten verwendet, welche im asiatischen Raum für die Herstellung von Möbeln eingesetzt werden. Sie wird aus kleineren Holzstäben zusammengesetzt und unter Pressdruck verleimt. Somit kann aus kleinen Bäumen ein hochwertiges Produkt gefertigt werden.

Wolfgang, Panduh und Jagau erkannten bei ihren Gesprächen mit den Betrieben, dass die Nachfrage nach Sengon schon jetzt hoch war und in den nächsten Jahren voraussichtlich stark ansteigen würde. Java, die Insel mit dem chronischen Platzmangel wegen Überbevölkerung, würde diese Nachfrage bald nicht mehr decken können. »Wir haben anfangs nur von der Marktseite her gedacht«, erzählt Wolfgang, »Dass Sengon eine Pionierpflanze ist, wussten wir damals nicht. Wir kamen erst nach und nach darauf, was dieser Baum alles kann, zum Beispiel, als wir bemerkten, dass man ihn auf Java zum Schutz vor Erosion und als Markierung für Grundstücksgrenzen nutzte.«

Den Ausschlag für das »One Million Trees«-Projekt gab schließlich das Versprechen eines Holzunternehmers: Er sagte zu, das Holz aus Kalimantan abzunehmen, wenn dort ein Pflanzprojekt gestartet würde. Die Grundidee stand: Sengon sollte auf ungenutzten, degradierten ehemaligen Waldflächen gepflanzt werden. Nun konnte es losgehen. Panduh, der als ehemaliger Bauunternehmer viel herumgekommen war, schlug die Gegend um Talaken als Projektgebiet vor. Die drei fuhren hin, besuchten die Menschen in ihren Häusern und fragten beim gemeinsamen Tee, ob sie es sich vorstellen könnten, Bäume zu pflanzen. Doch wie sollte man vorgehen, wenn viele der potenziellen Projektteilnehmer nur eine rudimentäre Schulbildung genossen haben?

»Am Anfang haben wir viel zu viel Zeit auf Details verwendet. Es lief richtig schlecht. Wir konnten kaum jemanden von unserer Idee überzeugen. Unsere Erklärungen waren zu lang und zu umständlich«, berichtet Wolfgang von dem ersten Informationsabend. Sie konnten nicht richtig vermitteln, warum es für die Menschen gut sein sollte, ihre brach liegenden Flächen mit Sengon zu bepflanzen. Bisher war es nicht üblich gewesen, Bäume zu pflanzen, um Holz zu ernten und zu verkaufen. Wolfgang, Panduh und Jagau lernten dazu, beschränkten sich bei ihren Vorträgen immer stärker auf des Wesentliche. Sie fingen nicht mehr damit an zu erklären, was eine Nichtregierungsorganisation ist, sondern wurden schneller konkret. Mit jedem Mal hatten sie größeren Erfolg. Es kamen genug Kleinbauern zusammen, die der Idee eine Chance geben wollten. Solange sie die versprochene Unterstützung bekämen, waren sie bereit, auf ein paar Testflächen Sengonsetzlinge zu pflanzen und zu schauen, wie sich die Bäumchen entwickeln würden.

Das Konzept stand, doch es fehlte noch das Geld, um die Pilotphase zu starten. Johannes und Wolfgang gingen in Deutschland auf Fundraising-Tour. Keine Organisation wird sagen, dass es leicht wäre, Spenden zu akquirieren, und wenn man außer einer Idee nichts vorweisen kann, wird es nicht leichter. Am Ende bekamen sie trotzdem Spendenzusagen von über 60.000 Euro, einen Teil davon durch Privatpersonen. Das war etwa die Hälfte des Minimalbetrags, den sie brauchten, um zu starten. Warum hatte ihnen überhaupt jemand Geld gegeben? »Hauptsächlich aus gutem Willen heraus, wegen Johannes' Kontakten und seinem Charisma«, vermutet Wolfgang. Zurück in Indonesien, ging Wolfgang nach Zentraljava und besorgte die Sengonsamen.

In drei Dörfern fingen sie an. Im ersten gab es nur ein schlechtes Mobilfunknetz, in den beiden anderen gar keines. Die Straße endete weit vor dem Dorf. Nicht ganz ideale Voraussetzungen also, wenn man nicht nur ein Projekt, sondern auch die dazugehörige Logistik aufbauen möchte. Drei Baumschulen, die keine Erfahrung mit Sengon hatten, sollten je 33.000 Setzlinge produzieren. Es lief nicht gut. Die Baumschulen waren sehr weit vom Projektgebiet entfernt. Die Setzlinge waren von schlechter Qualität; viele überlebten den langen Transport zu ihrem Einsatzort nicht. Von denen, die gepflanzt werden konnten, starben viele innerhalb des ersten Jahres.

So entstand die Idee, eigene Baumschulen zu errichten. Die am stärksten motivierten Kleinbauern, die im ersten Jahr an dem Projekt teilgenommen hatten, wurden gefragt, ob sie nicht Baumschulbetreiber werden wollten. Ich kann es immer noch nicht fassen, wie schnell die Dinge in Kalimantan gehen können. Innerhalb eines Jahres wurden Kleinbauern unter erheblichem Aufwand zu Baumschulbetreibern weitergebildet. Mit den eigenen Baumschulen mitten im Projektgebiet lief es besser. Die Logistik wurde vereinfacht, die Setzlinge wurden robuster.

Wolfgang, Panduh und Jagau akquirierten weitere Mittel und überzeugten von Jahr zu Jahr mehr Kleinbauern, das Bäumepflanzen auszuprobieren. »Wir bekamen langsam Boden unter den Füßen«, erzählt Wolfgang. Sie konnten Mitarbeiter in Deutschland und Indonesien einstellen und erhielten schließlich eine wichtige Spendenzusage von »Brot für die Welt«. Genug Geld, um ein richtiges Büro in Indonesien zu eröffnen und zu wachsen.

Wolfgang erzählt eine Geschichte, die mir zum ersten Mal richtig klarmacht, wie viel nicht nur er und seine Freunde, sondern auch die Kleinbauern geleistet haben, um die abstrakte Vision vom Forst in Kalimantan wahr werden zu lassen. Wolfgang, Panduh und Jagau konnten den Bauern in Kalimantan nicht beibringen, wie man Bäume pflanzte. Sie wussten es ja selbst nicht. Wer es wusste, waren die Bauern auf Java. Also mussten Menschen, die noch nie im Leben ihre Insel verlassen hatten – viele nicht einmal ihr Dorf –, nach Java reisen. Wolfgang organisierte die Reise. Auf Java stiegen alle zusammen in einen Bus. Keiner hatte ihm gesagt, wie lang und einschüchternd diese Reise sein würde. Als der Bus vor dem Feld eines javanischen Bauern hielt und Wolfgang aus dem Bus stieg, folgte ihm niemand. Es brauchte viel Zeit, eine Menge guten Zuspruch und die Aussicht auf gemeinsames Teetrinken, bis die Ersten aufstanden und ausstiegen.

Wolfgang und Johannes in der Baumschule

Wolfgang glaubt, dass ein Projekt nie zu stark auf eine Person fokussiert oder von einer einzigen Person abhängig sein sollte. Nach fünf Jahren war es für ihn und seine Freundin an der Zeit, nach Deutschland zurückzukehren und zur Ruhe zu kommen. Heute begleitet Wolfgang das Projekt weiter von Deutschland aus.

Kapitel 12
Sekundärwald

Wir sind mal wieder im Wald. Nicht in einem jahrhundertealten Urwald, sondern auf einer ehemaligen Plantage, die wieder Wald sein darf. Vor 70 Jahren hat die Familie von Santi Marlina hier Kautschukbäumchen in die Erde gesetzt. Heute sind die Bäume groß, viel größer, als man Plantagenbäume normalerweise wachsen lässt. Die höchsten von ihnen bilden ein geschlossenes Kronendach. Jeder Schritt auf der dicken Blatt-

Im Sekundärwald

Händewaschen mit Blättern

humusschicht federt. Ich höre Insekten und Vögel. Bambus wächst überall, ich sehe viele Pflanzen, die ich nicht kenne, alles sprießt.

Wir überqueren einen kleinen Bach. Vor uns ragt ein Durian-Baum auf. Es war wohl seit einer Weile keiner hier. Vier reife Durian-Früchte liegen auf dem Boden. Mein tägliches Ritual beginnt. Santi Marlina schneidet die Früchte auf: »Makan Durian« – ich soll essen. Sie und Tampung, ihr Mann, schauen mir gespannt zu. So lecker die Durian auch schmeckt, der Geruch an den Händen danach lässt mich jedes Mal staunen, dass ich gerade etwas so Übelriechendes genüsslich verspeist habe. Und er hält sich. Stundenlang. Wasser hilft kaum.

Doch Santi Marlina kennt einen Trick. Sie verschwindet zwischen den Bäumen und kommt kurz darauf mit einer Handvoll Blättern zurück. Sie zeigt mir, wie ich die Struktur aufbrechen und die Fasern mit etwas Wasser zerreiben soll. Plötzlich sind meine Hände voller Schaum. Seife! Kein Durian-Geruch mehr! Ich bin begeistert.

»Junge Dayak kennen diese einfache Methode nicht mehr«, sagt Santi Marlina. Traditionelles Wissen zu bewahren ist Tampung und Santi Marlina wichtig. Deswegen holzen sie die alte Familienplantage auch nicht ab, verkaufen das Land nicht und bauen nichts anderes darauf an. Dabei wäre jede dieser Optionen finanziell lohnender, als einfach der Natur freie Hand zu lassen.

Jeder, der möchte, darf sich in diesem Wald mit Früchten versorgen oder andere sogenannte Nichtholzprodukte entnehmen. Auch Santi Marlinas Korb ist voll mit jungem Bambus für das Abendessen. Die beiden wollen ihren Wald teilen. Das ist beeindruckend, aber nicht selbstverständlich. Wenn ich sehe, wie liebevoll Tampung und Santi Marlina mit dem Wald umgehen, kann ich mir nicht vorstellen, dass sie ihr Land verkaufen würden. Aber solche Flächen sind gefährdet, sobald wirtschaftlicher Druck oder manchmal auch einfach der Wunsch nach mehr Geld wächst.

Die alte Kautschukplantage gilt als »Sekundärwald«, also als Vegetation, die nach einem menschlichen Eingriff entsteht. Auch ein Primärwald, in dem Bäume gefällt wurden, wird damit zu einem Sekundärwald. In diesem Buch soll es ja um pragmatische Lösungen gehen, und ich glaube, auch Sekundärwälder sollte man pragmatisch sehen. Besser als kahle, tote Flächen, die der Umgebung keine Kühlung mehr spenden. Besser auch als Flächen, auf denen ständig Chemikalien ausgebracht werden. Sekundärwälder binden größere Mengen an CO_2 und bieten Tieren und Pflanzen ein Zuhause. Doch von Menschen, die in Kalimantan unter solchen Spannungsverhältnissen leben, kann man kaum verlangen, dass sie diese Wälder allein aus gutem Willen stehen lassen. Damit sie wirklich geschützt werden können, brauchen die Wälder einen Wert, der sich wohl nicht auf ein paar Stangen Bambus beschränken dürfte. Wenn die Sekundärwälder eine Chance haben sollen, hilft kein Idealbild, sondern nur ein solider Kompromiss zwischen Klima, Pflanzen, Tieren und Menschen.

Das »One Million Trees«-Projekt strebt einen solchen Kompromiss an. Wachsende Bäume binden besonders viel CO_2. Auf Flächen mit älterem Sengon habe ich Kühlung gespürt und Insekten und Vögel gesehen.

Wie viel Geld die Kleinbauern am Ende mit einem schön gewachsenen Sengon verdienen können, ist noch nicht ganz klar. Wichtig ist aber, dass ihre berechtigten finanziellen Interessen berücksichtigt sind. Beim »One Million Trees«-Projekt entsteht kein Sekundärwald im engeren Sinn, sondern ein gemischtes System, das für alle da ist – ein produktiver Agroforst. Im Idealfall nehmen Kleinbauern, die über eine Gesamtfläche von vier Hektar Land verfügen, acht Jahre in Folge an dem Projekt teil, pflanzen jährlich etwa 500 Bäume und können so einen Zyklus aus Pflanzen und Ernten etablieren, der ein Einkommen sichert, aber auch der Natur ausreichend Raum lässt.

Kapitel 13

Panduh erzählt

Panduhs Geschichte beginnt wie die von vielen Dayak, die ich getroffen habe, aber sie geht anders weiter. Er wuchs mit seinen sieben Geschwistern in einem Dorf 18 Bootsstunden von der nächsten Stadt entfernt auf. »In meinen ersten zehn Lebensjahren habe ich viel gelernt«, sagt er. »Zum Beispiel über Brandrodung. Wir haben uns ein kleines Waldgebiet für unser zukünftiges Reisfeld ausgesucht und es an allen vier Ecken gleichzeitig in Brand gesteckt. So brannte es von außen nach innen. Wir Kinder haben aufgepasst, dass es sich nicht in andere Richtungen ausbreitete. Wenn man das richtig macht, passiert nichts Schlimmes.«

Nach ein paar Jahren Nutzung ließen sie das Feld wieder verwildern. »Kein Problem«, sagt Panduh. Es gefällt es ihm nicht, dass die kleinflächige Brandrodung in den letzten Jahren zuerst in Verruf geraten ist und schließlich offiziell verboten wurde. Panduh glaubt, dass er damals nicht genug gelernt hat. Das wurde ihm erst als Erwachsener bewusst. Als er zehn Jahre alt war, verließ seine Familie das Dorf. Sein Vater, ein Krankenpfleger, wollte seinen Kindern eine andere Art von Bildung ermöglichen. So zogen sie nach Palangka Raya.

Panduh ging zur Schule und lernte. Anschließend zog er nach Mandomai, um Schreiner zu werden. Später führte sein Weg ihn nach Jakarta, wo er angehende Schreiner unterrichtete. Dann erhielt er ein Stipendium für Deutschland. Er lebte in Tübingen, Berlin und Magdeburg, lernte Deutsch und machte eine Weiterbildung zum Berufsschullehrer. Das Gespräch mit Panduh ist das einzige, das nicht übersetzt ist, denn wir haben es auf Deutsch geführt – eine Tatsache, die ich immer noch ganz und gar unglaublich finde. Im Umgang mit Panduh merkt man, dass er es gewohnt ist, mit Deutschen zusammenzuarbeiten, ihre Eigenheiten kennt und weiß, womit man sie aufziehen kann.

Nach seiner Zeit in Deutschland lebte er mit Frau und Familie lange in Jakarta. Dort arbeitete er in einem Kooperationsprojekt mit einem Zusammenschluss von baden-württembergischen Maschinenbauunternehmen und dem Land Baden-Württemberg. So hätte es weitergehen können. Ging es aber nicht, denn in Jakarta kam es zu den Unruhen, die zum Sturz des Diktators Suharto führten. Die Familie beschloss 1998, zurück nach Kalimantan zu gehen.

Eigentlich wollte Panduh nur kurz in Mandomai vorbeischauen, doch dann lernte er Johannes kennen. Der lud ihn zum Essen ein. »Wollen wir nicht zusammenarbeiten?«, fragte Johannes ein paar Stunden später. Panduh sagte zu.

Hier schließt sich der Kreis zu Johannes' Geschichte. Sie konnten nur illegales Holz für die Schule in Mandomai beschaffen. Abend für Abend sahen sie von Johannes' Balkon aus die Boote mit den schönen Rundhölzern vorbeifahren, die man in Mandomai nicht legal erwerben konnte. Viermal wurde Panduh beim Kauf von illegalem Holz festgenommen. »Das ist eine Mafia«, schimpft er. »Jedes Mal musste ich mich freikaufen! Das kann doch nicht sein!«

Ein paar Jahre später begann Panduh, als Bauunternehmer zu arbeiten. Er kam viel herum, sah viel, erlebte auch, wie sehr sich Kalimantan in dieser Zeit veränderte. »Ich wollte etwas für meine Heimat tun«, erzählt er. Nur was? Er träumte davon, Dayakhandwerkskunst nach Deutschland zu verkaufen. Zusammen mit Besuchern aus Deutschland erörterte er verschiedene Ideen. Eine davon war der Export von bearbeiteter Baumrinde.

Die Dayak verwenden Baumrinde für die Herstellung ihrer traditionellen Kleidung. Seit meiner Reise habe auch ich ein traditionelles Kopfband aus diesem Material in meinem Schrank liegen. Ich werde hier wohl keine Gelegenheit mehr haben, es zu tragen. Trotzdem nehme ich es manchmal in die Hand und streiche über den weichen, anschmiegsamen Stoff.

Leider liefen Panduhs Versuche, das Interesse der Automobilindustrie an Sitzbezügen aus Baumrinde zu wecken, ins Leere. Ebenso wie die Idee, Bananenstaudenfasern als Fäden für die Textilindustrie anzubieten. Panduh war kurz davor aufzugeben. Als Johannes Wolfgang nach Mandomai schickte, war Panduh bereit, einen neuen Anlauf zu unternehmen. Schließlich landeten sie bei Leichtholz. Panduh hatte schon ein paarmal Leichtholz in Kalimantan gesehen. Firmen pflanzten es manchmal als Ausgleich auf ihren Holzkonzessionen, nachdem sie das gute Regenwaldholz gefällt hatten. Doch niemand schätzte Leichtholz, auch die Firmen nicht. »Sie haben sich nur aus Imagegründen dafür entschieden. Es wächst eben schnell und sieht schnell nach etwas aus«, erzählt Panduh. Selbst den älteren Bäumen schenkte die lokale Bevölkerung keine Beachtung. »Was ist das schon im Vergleich zu unserem Meranti oder Ulin?«, sagten die Leute.

Obwohl Panduh das Potenzial von Leichtholz für Kalimantan erkannte, wusste er auch, dass es ein hartes Stück Arbeit sein würde, dem Leichtholz zu einem besseren Ruf zu verhelfen. Panduh, Wolfgang und Jagau besuchten viele Bauern, durchquerten die Insel von Ost nach West, um über die Vorzüge von Leichtholz zu sprechen. Im Westen gab es viele Goldsucher, die dafür wenig Offenheit zeigten. Im Osten, wo viele Menschen von Kautschuk lebten, war es einfacher. Panduh glaubt, dass sie ihr Glück zwei vorausgegangenen Unglücken verdanken: dem rapide gesunkenen Gummipreis und den Bränden von 2015.

Eines Tages fuhren Panduh und Wolfgang an einem Plakat vorbei, auf dem die indonesische Regierung versprach, eine Milliarde Bäume zu pflanzen. »Daraus wird nichts«, dachte Panduh sofort.

»Warum?«, frage ich.

»Korruption.«

Panduh wollte es besser machen, sein ehrgeiziges Ziel tatsächlich umsetzen. In Anlehnung an das Regierungsprogramm schlug er vor, ihr eigenes Projekt »One Million Trees for Borneo« zu nennen.

Wenn ich Panduh zuhöre, habe ich das Gefühl, er hat mehrere Leben in einem gelebt. Inzwischen ist er Leiter des indonesischen Zweigs von Fairventures. Als sich Wolfgang entschied, nach Deutschland zurückzukehren, und die Unterstützung von »Brot für die Welt« die Eröffnung eines Fairventures-Büros in Palangka Raya ermöglichte, bot sich ihm die Chance, von nun an hauptberuflich seiner Heimat etwas zurückzugeben. Diesen Wunsch hatte er, seit er selbst seine gute Ausbildung erhalten hatte und gleichzeitig mitansehen musste, wie der Wald verschwand und wie sehr die Dayak mit all den ökologischen und sozialen Veränderungen zu kämpfen hatten.

Ich bin schon wieder zu Hause in Stuttgart, als ich eine Nachricht von Panduh erhalte. Ich glaube, er hat sich lange überlegt, was er noch sagen und welche Worte er dafür wählen möchte. Deswegen lasse ich ihn zum Abschluss dieses Kapitels selbst sprechen:

»Wir sind Johannes und deutschen Freunden sehr dankbar, die uns sehr geholfen haben, etwas wiederherzustellen, das in den Traditionen und der Kultur des Dayakstammes verloren gegangen ist. Deutsche, wie wir sie seit mehr als 140 Jahren kennen und die für den Fortschritt der Dayak von großer Bedeutung sind.«

Panduh und Johannes vor einem dreijährigem Sengonbaum

Kapitel 14

Orang-Utans

Was wäre ein Regenwaldbuch ohne den Orang-Utan? Ich weiß, dass der Orang-Utan eine Flagship-Spezies ist und für einen ganzen Lebensraum steht.[33]

Orang-Utans sind wunderschöne Tiere mit ihrem langen, rotbraunen Fell und dem dunklen Tellergesicht. Ihr Blick sieht für uns Menschen oft traurig aus. Und damit eignen sie sich perfekt, um uns zu mahnen, ihren Lebensraum nicht zu zerstören. Eine gefährdete, auf Borneo heimische Ameisenart könnte diesen Job nicht machen, obwohl sie vielleicht nicht weniger wichtig für das Ökosystem ist. So sind wir wohl, unsere Emotionen haben uns fest im Griff.[34] Mich auch. Schon im Flugzeug hoffe ich, dass ich die großen Menschenaffen sehen darf. Und ich darf, mehrmals sogar.

Den ersten Orang-Utan sehe ich genau dort, wo ihn die Bilder, die bei uns durch die Medien gehen, gerne zeigen und wo ihn niemand sehen möchte: in einer Palmölplantage. Vielleicht hat er sich in die Plantage verirrt. Ob er hier überleben kann, ist unklar. Er könnte erschos-

---

33 In Kapitel 5 wurde das Thema Flaggschiff-Spezies schon einmal kurz erwähnt. Siehe Anmerkung 9 auf S. 41.

34 Oft ist ja auch genau das eine sehr schöne Eigenschaft des Menschen. Das Problem ist nur, dass wir dazu tendieren, Dinge nicht in Relation zueinander zu setzen, wenn Emotionen im Spiel sind. Dann zahlen wir lieber viel Geld, um einen einzigen Orang-Utan wieder auszuwildern, statt die gleiche Summe zuvor in den Schutz seines Lebensraums zu investieren oder unser Konsumverhalten zu überdenken.

sen werden. Von Mitarbeitern der Firma, weil er ihre Palmfrüchte schädigt. Oder von Jägern, weil sie sein Fleisch essen möchten.

Als ich zum ersten Mal zwei etwa zwölfjährige Jungs auf ihren Rollern mit über den Rücken gehängten Gewehren sehe, erschrecke ich mich. Falls der Orang-Utan nicht erschossen wird, wird er vielleicht verhungern. Immerhin ist er erwachsen und wird somit nicht als Haustier enden. Dieses Schicksal ereilt normalerweise eher die Jungtiere.

In Kalimantan findet man die Borneo-Orang-Utans, die sich in weitere Unterarten unterteilen. Orang-Utans sind die größten Baumbewohner der Erde. Sie leben nicht mehr in großen, zusammenhängenden Gebieten, sondern als voneinander isolierte Populationen in Nationalparks und kleinen Wäldern, die sie besser nicht verlassen sollten. Die genetische Vielfalt nimmt ab, die Fortpflanzungsraten sind niedrig. Eine Mutter kümmert sich etwa acht Jahre lang um ihren Nachwuchs. Eigentlich brauchen die Tiere große Reviere. Ein dominantes Männchen nimmt teilweise mehrere hundert Hektar für sich in Anspruch.

Auf einem ruhigen Gewässer fahren wir mit einem Holzboot an Flussinseln vorbei, auf denen Orang-Utans leben. Eine Mutter trägt ihr Kleines auf dem Rücken und nascht von einer roten Frucht. Wir machen so wenig Geräusche wie möglich, um diese wunderschöne friedliche Alltagsszene nicht zu stören.

Dass sich die Menschenaffen hier aufhalten, ist kein Zufall. Wir befinden uns in der Nähe des Nyaru Menteng Orang-Utan Rehabilitation Centers und die Tiere, die ich sehe, leben (noch) nicht komplett in der Wildnis, sondern unter wildnisähnlichen Bedingungen. Die Borneo Orangutan Survival Foundation (BOSF) hat sie hierhergebracht. Diese Stiftung rettet Orang-Utans, pflegt sie gesund und wildert sie, wenn sie alt genug sind, direkt wieder aus. Wenn die Tiere noch zu jung dafür sind, werden sie in Nyaru Menteng auf die Auswilderung vorbereitet.

Dass ein Orang-Utan hierherkommt, kann unterschiedliche Gründe haben: Manche hat man aus der Gefangenschaft gerettet,[35] auf einer Ölpalmenplantage oder in der Nähe einer Siedlung aufgegriffen. Einige Jungtiere sind Waisen, die gerade ihre Eltern verloren haben – beispielsweise bei einem Waldbrand.

Viele Orang-Utans haben natürlich nicht das Glück, bei BOS zu landen. Von Glück zu sprechen, ist sowieso nicht richtig. Richtiger wäre: Viele Orang-Utans haben Glück im Unglück und landen bei BOS. Wenn sie schließlich bereit für ein Leben in der Wildnis sind, werden sie von einem Spezialistenteam in ein weit abgelegenes Auswilderungsgebiet gebracht, wo der Wald noch intakt ist. Die Videos dieser Aktionen wirken spektakulär, teilweise sind sogar Hubschrauber im Einsatz. Diese Bilder schaffen es in die internationalen Medien. Auch in mehreren deutschen Dokumentationen habe ich die BOS-Rettungsstation, den »Kindergarten« und die Auswilderungsstrips schon gesehen. Die Babys mit ihren Wuschelköpfen sind süß. Ich glaube nicht, dass jemand unberührt bleibt, der sieht, wie sie mit ihren Pflegern spielen und dabei lernen, in Schubkarren umhergefahren werden und die Welt entdecken. Die Tiere wachsen den Menschen ans Herz, wer die Aktivitäten von BOS in den sozialen Medien verfolgt, kann auch aus der Ferne eine Art Bindung zu den dort lebenden Orang-Utans aufbauen.

Anton Nurcahyo, ein Biologe aus Java, der seit über zehn Jahren in verschiedenen Funktionen bei der Stiftung arbeitet, beobachtet das mit gemischten Gefühlen: »Ich sage den Leuten immer: Freut euch nicht, dass ihr diese Geschichten lesen könnt. Unser Ziel sollte sein, dass kein

35 Gar nicht so selten werden Orang-Utans als Haustiere in winzigen Käfigen gehalten.

Orang-Utan bei uns lebt. Unsere Käfige und unser Kindergarten sollten leer sein.«

Anton erklärt mir auch, wie BOS an die Gebiete gekommen ist, in denen die Tiere heute leben. Die Stiftung hat vom indonesischen Forstministerium eine Nutzungskonzession erhalten, die extra für den Naturschutz gedacht ist. Rechtlich verbleibt das Land aber im Besitz des Staates. Was Anton wichtig ist: Langfristigkeit, Partnerschaftlichkeit und der Schutz nicht nur von Orang-Utans, sondern vor allem ihrer Lebensräume.

Orang-Utans sind friedliche Tiere. Nur haben sie es inzwischen schwer, nicht in Konflikte mit Menschen zu geraten, weil die Menschen und ihre Plantagen überall sind. Die Tiere haben nicht nur einen traurigen Blick, sie haben auch allen Grund, traurig zu sein. Die Weltnaturschutzunion IUCN hat sie auf ihre Rote Liste gesetzt – eingestuft als »vom Aussterben bedroht«.

»Orang-Utan« ist indonesisch und bedeutet Waldmensch. »Orang Jerman« bedeutet Deutschlandmensch, und das bin ich. Ich weiß nicht, ob ein Indonesier es auch so empfinden würde, aber mich rührt die sprachliche Nähe zwischen den Orang-Utans und uns. Es kommt mir vor wie ein heimliches Zeichen mit der Botschaft: Wir können doch friedlich nebeneinander leben.

Kapitel 15
Jagau erzählt

Jagau ist kein Revolutionär, sondern ein Reformer. Er spricht leise, klug und überlegt. Ein Intellektueller, der in Kultur-, Politikwissenschaft und Pädagogik aufgeht. Ein Mensch mit starken, unverrückbaren demokratischen Grundwerten. Jagau ist anders als alle anderen, die ich in Kalimantan getroffen habe. Seine Lieblingsworte lauten »Basisdemokratie«, »Debatte« und »Kompromissfindung«. Er leitet seine eigene NGO und hat eine Frau zu seiner rechten Hand gemacht.

Früher, in seiner Studentenzeit, war Jagau ein politischer Aktivist. Damals etablierte Suharto das System der Holzkonzessionen, das den Dayak heute das Genick bricht. Jagau ging auf die Straße und protestierte. Bis er merkte, dass die Proteste nicht genug veränderten. »Studenten können laut sein und demonstrieren. Aber sie reden nur. Ich fand, dass Taten folgen müssten.« Also gründete er 2004 seine eigene NGO – das Borneo Institute. Seine Aktivitäten sollten nicht nur auf seinen Idealen, sondern auch auf den Wünschen der Menschen und ihrer Gemeinwesen fußen. Er führte Gespräche, und nach und nach kristallisierte sich heraus, dass Landrechte und Landnutzung für die Gemeinden die größten Probleme waren.

Es klingt einfach, Menschen nach ihren Sorgen zu fragen. »Doch normalerweise gehen Dayak mit Problemen sehr emotional um oder sogar physisch, nämlich gewalttätig«, erzählt Jagau. Es brauchte viel Zeit und Beziehungspflege, bis sie dieses Thema auf eine Diskussionsebene bringen konnten. Als sie so weit waren, etablierte Jagau mit den Gemeinden die »Big Meetings«. Wenn er über die »Big Meetings« spricht, leuchten seine Augen. Es sind große Versammlungen, bei denen die einzelnen Teilnehmer Entscheidungen miteinander aushandeln müssen. Jeder repräsentiert sich selbst. »Keiner kann später sagen, er sei ja nicht dabei gewesen oder hätte nichts davon gewusst. Das hört man sonst so oft«, sagt Jagau. »Die Versammlungen tragen zur Bildung der Leute bei. Sie lernen, zu diskutieren und ihren Standpunkt darzulegen. Sie müssen den anderen erklären, warum sie für oder gegen etwas sind.«

Jagau erklärt mir, dass die Demokratie in den Gebieten, in denen sie aktiv sind, der einer Polis im antiken Griechenland gleicht. Wenige Einwohner verteilen sich über weite Entfernungen mit viel Land dazwischen. In Malahoi, einem Dorf in der Region Manuhing, die vom Borneo Institut betreut wird, leben 400 Menschen auf 6000 Hektar.

Langfristigkeit und Beziehung sind für Jagau alles. Vor allem aber steht der Mensch für ihn im Mittelpunkt. »Kein Mensch darf zum Objekt eines Projekts werden«, erklärt er. Jagau hat genaue Vorstellungen davon, wie Menschen miteinander leben, umgehen und Dinge aushandeln sollten. Sein Ansatz erfordert eine enge, intensive Zusammenarbeit mit dem Einzelnen.

Gemeinsam mit Wolfgang und Panduh hat Jagau den Grundstein für das »One Million Trees«-Projekt gelegt. Er übernahm Verantwortung für die Sozialisierungs- und Informationsphasen und stellte Fairventures seine gesamte Infrastruktur zur Verfügung: Büro, Fahrzeuge, Kontakte und vor allem Wissen.

Jahrelang arbeitete Wolfgang Schreibtisch an Schreibtisch mit Jagau und seinen Mitarbeitern. Als Fairventures wuchs und schließ-

Jagau (rechts) im Gespräch mit einem Kleinbauern

lich ein eigenes Büro eröffnete, zeichneten sich zwei unterschiedliche Wege ab. Fairventures arbeitet unter großem Zeitdruck. Die Organisation möchte möglichst schnell großflächig aufforsten. Das erfordern das Klima und vor allem die Situation in Kalimantan. Jeden Tag verkaufen Menschen ihr Land an Palmölfirmen, jeden Tag verschwindet mehr Wald. Dass die Weiterbildung und Betreuung der einzelnen Teilnehmer irgendwann nicht mehr so intensiv sein kann, wie Jagau es für wichtig und richtig hält, ergibt sich schon aus der Zielsetzung, so viele Bäume wie möglich zu pflanzen.

Jagau dagegen möchte an seinen Prinzipien festhalten: Der Einzelne zählt. Er und seine Mitarbeiter und Mitarbeiterinnen sind ständig unterwegs in den Dörfern, die sie betreuen, immer im Gespräch mit den Menschen. Sie haben nachhaltige Beziehungen aufgebaut. Dieser Ansatz lässt sich nicht beliebig skalieren. Und so entschieden die Projektpartner, zukünftig zwar weiter eng miteinander zu arbeiten, aber jeweils ihren eigenen Ansatz zu verfolgen.

Es ist eine andere Art der Arbeitsteilung entstanden. Fairventures geht in die Breite, das Borneo Institute in die Tiefe. Jagau ist zufrieden: »Wir haben gemeinsam mit dem ›One Million Trees‹-Projekt ungeheuer viel erreicht. Trotz des Namens ging es nie nur um das Bäumepflanzen. Der Beitrag des Borneo Institute umfasst Bildung, kulturelles Erbe, ökologische, ökonomische und soziale Komponenten.« Jagau hat die Grundidee entscheidend mitgeprägt.

»Die Dayak brauchen die Unterstützung von NGOs wie der unseren, um mehr über ihre Kultur zu lernen, sie zu bewahren und sie mit der Moderne zu verknüpfen«, sagt er. Aktuell versucht seine Organisation, Dayakkultur und traditionelles Wissen mit digitalen Mitteln zu kombinieren und diesen Prozess basisdemokratisch zu gestalten. Er möchte den Menschen nichts Fremdes überstülpen, sondern einen Weg finden, der zu ihnen dort passt. Für Jagau bedeutet das, lokales Recht und Gewohnheitsrechte stark miteinzubeziehen und gewohnheitsrechtliche Landrechte zu formalisieren. Zunächst mit einer digitalen Dokumentation, später mit einem digitalen Zertifikat, das den Landbesitz belegt.

Kapitel 16

Bischof Wardinan Lidim – die Bewahrung der Schöpfung

Wardinan Lidim ist seit 2015 Bischof der evangelisch-reformierten Kirche in Kalimantan (GKE) in Borneo. Für seine Amtszeit hat er sich vorgenommen, Theologie und Ökologie stärker zusammenzubringen.

Der Bischof empfängt mich in seinem Büro. Wir lassen uns auf den schweren, rot gepolsterten Stühlen aus dunklem Eisenholz nieder. Vieles in diesem Raum unterstreicht die Macht des Bischofs. Vermutlich hat er sich diese Möbel nicht selbst ausgesucht, sondern sie von seinen Vorgängern geerbt. Trotzdem haben sie eine einschüchternde Wirkung auf mich. Ich habe Glück, dass er sich Zeit für mich nimmt, versichern mir seine Referenten. Wardinan Lidim ist es gewohnt zu reden. Auch Englisch spricht er gut, fast druckreif, obwohl diese Sprache nicht zu seinen liebsten gehört. Ich stelle eine erste Frage:

»Kalimantan verliert seinen Wald und ist von verschiedenen Umweltproblemen bedroht, die soziale Probleme nach sich ziehen. Oder umgekehrt. Was ist die Aufgabe der Kirche in dieser Situation? Und was ist Ihre Aufgabe?«

»Gott hat uns Menschen die Verantwortung für seine Schöpfung gegeben. Wir sind ein Teil dieser Natur. Es ist unsere Aufgabe und unsere Pflicht, uns gut darum zu kümmern. Manchmal vergessen die Menschen, wie eng sie mit der Natur verbunden sind. Aber es ist ganz einfach: Die Zerstörung der Natur bedeutet auch die Zerstörung des Menschen.«

Aus dem Auftrag zur Bewahrung der Schöpfung leitet Wardinan Lidim konkrete Aufgaben ab. In Kalimantan bedeutet das vor allem, den Wald zu schützen und Bäume zu pflanzen. Der Bischof wurde in Zentralkalimantan geboren. Dass er heute in einem klimatisierten Büro arbeitet und in einer Limousine zu Terminen fährt, bedeutet nicht, dass ihm das traditionelle Leben fremd geworden wäre. Er ist so aufgewachsen wie die meisten Dayak und hat seine Wurzeln nicht vergessen. Ihm ist auch noch bewusst, dass seine Heimat in seiner Kindheit anders aussah.

»Früher gab es in Kalimantan nur zwei Jahreszeiten: Regen und kein Regen. Aber so klar ist das heute nicht mehr. Wir spüren den Klimawandel. Auf dieser Welt ist alles miteinander verbunden. Indonesien muss gutes Wetter in den Rest der Welt schicken und für gutes Klima sorgen.«

Daher hat er den Schutz des Waldes und die Wiederaufforstung zu offiziellen Programmpunkten für seine fünfjährige Amtszeit gemacht. In den ländlichen Gebieten hat die Kirche hier nicht nur geistlichen, sondern auch weltlichen Einfluss. Wardinan Lidim ist gewillt, die Multiplikatorenrolle der Kirche zu nutzen – nicht nur für die Verbreitung des Evangeliums, sondern auch für den Umweltschutz.

»Ideen müssen von oben nach unten weitergegeben werden«, sagt der Bischof. »Die Person, die an der Spitze steht, sollte ein klares Bild von ihrer Idee vermitteln, eine klare Botschaft senden und diese in die nächste Ebene tragen. Ich bin eine einflussreiche Führungsperson. Wenn der Bischof etwas über die Zerstörung oder über die positive Auswirkung von Wiederaufforstung sagt, dann horchen die Leute auf.«

Ich muss zugeben, dass mich dieser Fokus auf Hierarchie und Macht etwas befremdet. Aber wer bin ich, hierherzukommen und mir ein Urteil über die Arbeitsweise des Bischofs anzumaßen? Muss er die Dinge womöglich so angehen, damit sich etwas bewegt? Schwer zu sagen. Klar ist dagegen, dass Wardinan Lidim sich mit Leidenschaft für die Menschen und für die Natur Kalimantans einsetzt.

»Wir haben schon viel Wald verloren. Aber es ist nicht zu spät, sich um den noch existierenden Rest zu kümmern. Das ist eine gemeinsame Aufgabe: Kirchen und NGOs müssen hier zusammenarbeiten und Einzelpersonen mit einbinden. Johannes und seine Freunde von Fairventures packen die Probleme an. Ich möchte ihren Ansatz für Südkalimantan adaptieren. Das ›One Million Trees‹-Programm berücksichtigt zwei wichtige Dimensionen: Mensch und Umwelt. Einkommen für die Menschen und den Schutz des Waldes. Es ist die Aufgabe der Kirche, sich dieser beiden Bereiche anzunehmen und sie über unsere Strukturen in die Gemeinden zu tragen.«

Wardinan Lidim will auf einer Gemeindelandfläche mit dem Bäumepflanzen starten – in einer Region, in der 90 Prozent der Bevölkerung muslimisch ist. Die gemeinsame Sorge um den Wald soll die Menschen über Religionsgrenzen hinweg zusammenbringen. Wenn es gut läuft, möchte der Bischof das Konzept nach drei Jahren auf die angrenzenden Provinzen ausweiten. Organisiert werden die Pflanzaktionen von den Gemeinden – unter fachkundiger Anleitung von Experten aus dem Forstministerium. »Kalimantan braucht einen globalen ökonomischen und ökologischen Ansatz. Wir wollen keine verschmutzte Luft mehr in die Welt senden.«

Der Bischof macht eine kleine Pause, und ich sehe meine Chance, noch eine weitere Frage zu stellen. Ich möchte wissen, mit welchen Herausforderungen die Insel aktuell und in den nächsten Jahren konfrontiert ist und wie er sich die Zukunft vorstellt.

»Palmöl ist ein großes Problem. Zwar stellen die Firmen ein paar Leute auf den Plantagen ein, und es ist gut, dass sie Arbeit haben, aber die negativen Effekte überwiegen. Und Müll ist hier auch ein Problem.«

Dass der Bischof den Müll erwähnt, überrascht mich. So wie ich es bisher kenne, landet der Müll meistens unter der Erde, im Fluss oder auf einem Haufen vor dem Haus und wird angezündet. Dieses noch recht junge Thema in Kalimantan auf die Agenda zu setzen erscheint mir fast revolutionär.

»Unser allergrößtes Problem ist aber die Korruption. Die Gesetze sind gar nicht schlecht, aber sie werden nicht umgesetzt.«

Jeder beschwert sich hier gerne über die Korruption. Wardinan Lidim glaubt trotzdem an eine bessere Zukunft.

»Bisher sind es kleine Aktionen von kleinen Jungs,[36] aber es ist ein Anfang, und es wird wachsen.«

»Wie werden die Menschen hier zukünftig leben?«

»Unsere traditionelle Lebensweise ist nur noch schwer aufrechtzuerhalten. Für einen kleineren Teil der Menschen ist das noch möglich, für einen größeren Teil nicht mehr. Jetzt ist es an der Zeit, neue Traditionen zu etablieren – eine Tradition, die die Sorge für die Umwelt miteinbezieht.«

Vom Rücksitz der Limousine aus kommt mir alles da draußen unwirklich vor. Noch unwirklicher ist aber der Ort, an den mich der Bischof nach unserem Gespräch einlädt: ein Starbucks, bewacht von einem Türsteher. Ehrlich gesagt, hätte ich nicht gedacht, dass es so etwas irgendwo in Kalimantan gibt. Weil Wardinan Lidim hier bekannt ist, dürfen wir ohne Überprüfung eintreten.

Innen sieht es aus wie in jedem Starbucks. Wir sind die einzigen Gäste. Trotzdem fragt mich der Barista nach meinem Namen, um ihn

36 Ich bezweifle, dass der Bischof das so gönnerhaft gemeint hat, wie es in der deutschen Übersetzung klingt. Ich wollte aber auch nicht ein anderes Wort verwenden.

auf einen Pappbecher zu schreiben. Ein einziger Kaffee kostet so viel wie mehrere Tagesrationen Essen. Nachdem ich in den letzten Wochen das einfache Leben kennengelernt und mitgelebt habe, überwältigen mich das Corporate Design, die Tafel mit den amerikanischen Kaffeespezialitäten und das Geräusch des Mahlwerks. Zu Hause würde ich mir über diese Dinge weniger Gedanken machen. Hier habe ich ein ungutes Gefühl. Der Bischof hat mit meiner Irritation nichts zu tun, es einfach so, dass ich die Gegensätze, die die Globalisierung hervorbringt, hier so hautnah erlebe.

Bischof Wardinan Lidim

Wardinan Lidim trinkt einen Schluck Caffè Latte, dann kommt er zurück auf das »One Million Trees«-Projekt:

»Wer hier etwas erreichen will, braucht ein solides Wissen über die lokalen Zusammenhänge. Das hat Johannes, weil er in Mandomai jahrelang Erfahrungen gesammelt hat, bevor er sein Projekt startete. Im Leben muss man wissen, wie man Menschen und Gruppen organisiert. Johannes' Ziele sind gut, sein Projektansatz passt zu Kalimantan, und was sie hier machen, ist absolut nötig.«

Kapitel 17
Menschen

Um Menschen geht es in diesem Buch. Von Anfang an, nicht erst jetzt in diesem Kapitel, das »Menschen« heißt. Warum dann diese Überschrift? Vor dem Ausklang und dem Ausblick möchte ich noch einmal richtig nah ran an Kalimantan und seine Menschen. Ich habe viel von und über die Kleinbauern geschrieben, aber bislang sind sie selbst zu wenig zu Wort gekommen. Das soll sich jetzt ändern. Denn natürlich haben sie viel zu sagen.

Hendra – wem gehört der Wald?

Hendra hat als Teilnehmer des »One Million Trees«-Projekts Sengon auf seinem Feld gepflanzt. Zusammen mit neun weiteren Dayak besitzt er aber auch Bäume, die viel älter sind als sein Sengon. Doch wie lange noch?

Hendra rutscht die Machete beim Fahren ins Getriebe. Sie bleibt stecken, er grinst, zieht die Machete, die bei den Dayak »Mandau« heißt, heraus und klemmt sie wieder zwischen Sitz und Mittelkonsole. Keine Lösung für die Ewigkeit. Bei der Fahrt durchs Gelände werden wir so hin und her geworfen, dass es nur eine Frage der Zeit ist, bis seine Mandau wieder ins Getriebe rutschen wird. Es dauert vielleicht dreißig Sekunden. Ich weiß genau, dass ich das kein drittes Mal mit ansehen kann. Daher schnappe ich mir noch vor Hendra die Machete und drücke sie gegen meinen Oberschenkel. So kann sie wenigstens nicht in meine Richtung geschleudert werden. Einen Platz, wo man einen scharfen Gegenstand sicher ablegen könnte, hat dieses Auto momentan nicht zu bieten. Das Getriebe ist offen, der Jeep aus vielen alten Teilen zusammengeschweißt. Man sieht ihm das Flickwerk an, kein Grund, unnötig Teile mit Blech oder Plastik zu verkleiden. Doch alles, was wirklich funktionieren sollte, funktioniert auch – und zwar richtig gut. Hendras Jeep fällt nicht um, bleibt nicht stecken und kann offenbar aus jeder Position heraus wieder starten.

Hendras Jeep

Wir fahren über einen schlammigen Pfad – größere Löcher sind mit Holzplanken abgedeckt – durch eine Palmölplantage, dann ganz querfeldein. Wie im Zeitraffer erlebe ich die Stufen der Walddegradierung rückwärts. Als wir weiter in die Plantage hineinfahren, werden die Palmen kleiner, weil sie noch jünger sind. Dazwischen ragen verkohlte Baumstümpfe auf. Weiter. Dann hören die Palmen auf. Jetzt fahren wir durch eine Art Grassteppe. Die Gräser sind so hoch wie der Jeep. Ich habe keine Ahnung, wie Hendra sich hier orientieren kann.

Zwischen den Gräsern stehen die verkohlten Überreste des Waldes. Deprimierend und unwirklich zugleich. Weiter. Und dann sehe ich hohe Bäume, dünne Stämme, keine einzelnen Äste, erst ganz oben eine dichte Krone.

Hendra stellt den Motor ab. Bis zum Wald sind es noch wenige hundert Meter. Kein Problem, denke ich. Bis ich versuche, Hendra zu folgen. Im Gegensatz zu ihm komme ich kaum vorwärts. Jeder Schritt ist mühsam, das Gras gibt fast nicht nach und schlitzt mir beim Laufen die Haut auf. Man muss genau überlegen, wo man hintritt, sonst versinkt man im Schlamm. Es ist Regenzeit, und deshalb gibt es momentan ziemlich viel davon. Ich bleibe ständig stecken, kann kaum glauben, wie nahe wir dem Jeep immer noch sind, obwohl der Weg schon so anstrengend war. Die Sonne brennt erbarmungslos herab.

Endlich erreichen wir den Waldrand. Ein paar einzelne Bäume stehen vor den dichten Baumreihen in der Wiese. Die Bäume, die neben und zwischen ihnen gestanden haben, sind nicht mehr da. Der Boden weist erste Erosionsspuren auf. Starke Regenfälle haben begonnen, ihn auszuwaschen. Nur da, wo kleine Kiesel liegen, konnte das Wasser die Erde nicht wegschwemmen. Diese Stellen sehen jetzt aus wie Säulen, die auf dem Grund errichtet wurden und auf deren oberes Ende jemand einen Stein gelegt hat. Deswegen sind Blätterdach und Wurzelwerk der Bäume so wichtig: Sie schützen den Boden vor Erosion.

Schon nach ein paar Schritten im Wald fühle ich mich besser. Es reicht, einmal aus der brütend heißen Graslandschaft in den Wald zu treten, um zu verstehen, warum wir ihn nicht vernichten dürfen. Hier ist es bestimmt sieben Grad kühler. Hendra hat sich auf den Boden gesetzt und schaut zu den Baumkronen empor. Keiner sagt etwas. Wasser kondensiert auf meinem Gesicht. Die Luft ist so feucht, dass man sie fast trinken könnte. Dann gehen wir weiter, Hendra bahnt uns einen Weg. Jetzt bin ich doch froh, dass er seine Mandau dabeihat.

Plötzlich bleibt er stehen und deutet nach oben. Zehn Meter über uns sind Zweige und Blätter aufgehäuft und ineinander verwoben. Ein riesengroßes Nest. »Das ist ein Orang-Utan-Nest«, sagt Hendra. Die

Baumgrenze

Tiere sind verschwunden, aber es berührt mich zu wissen, dass sie hier gewesen sind.

Zwischen den Bäumen leuchtet ein einzelner roter Stamm: Meranti, eine wertvolle Holzsorte, die wegen ihrer schönen Farbe und ihrer Robustheit für Möbel, Innenausbau oder für Fenster und Türen verwendet wird. Inzwischen ist Meranti selten geworden. Illegaler Einschlag hat den Bestand dezimiert.

»In ein paar Wochen wird dieser Baum nicht mehr da sein«, sagt Hendra. Jemand wird ihn heimlich fällen, abtransportieren und verkaufen. Das ist nur noch eine Frage der Zeit, jetzt, da der Wald schon »so weit geöffnet ist«.[37] Noch ist das meiste intakt, noch wächst hier Rattan, und

37 Immer wenn ein Wald schon zugänglich gemacht worden ist, weil es eine Art von Weg oder Zufahrt gibt und einzelne Stämme bereits entnommen wurden, sagen die Menschen, der Wald sei »geöffnet« worden. Eine sehr anschauliche und einprägsame Formulierung, wie ich finde.

noch bauen die Orang-Utans in den Bäumen ihre Nester. Doch Hendra zeigt mir einen todgeweihten Baum nach dem anderen. Eisenhölzer, wertvolle, dicke alte Stämme, deren Tage gezählt sind. Wir bleiben vor einem Stumpf stehen. Daneben liegen zwei etwa eineinhalb Meter lange Stücke des Stamms, der Rest fehlt. Vielleicht wurden die Holzfäller gestört. Vermutlich werden sie wiederkommen.

Wir sind nicht nur wegen des Verschwindens einzelner Bäume hier. »Das alles wird es in einem Jahr nicht mehr geben«, sagt Hendra. Er wollte mir »seinen Wald« zeigen, bevor es nichts mehr zu zeigen gibt. Denn die Besitzverhältnisse sind hier kompliziert. Nach Adat-Recht gehört dieses Waldstück Hendra gemeinsam mit neun anderen Dayak. Ein Papier, um diesen Anspruch zu belegen, haben sie nicht. Bisher war das nicht nötig, denn es ist allen hier bekannt. Doch jetzt hat die Regierung einer Holzfirma eine Konzession für dieses Gebiet erteilt.

Vor Gericht hätten Hendra und seine Freunde vermutlich keine guten Chancen. Interessenkonflikte wie die von Hendra und seinen Freunden sind in Kalimantan nicht selten. In diesem Wald werden wohl in den nächsten Monaten Baumfällungen in großem Stil beginnen.

Paton – Hüter der Sengonsetzlinge

Paton betreibt eine der Baumschulen im Projektgebiet. Zusammen mit seiner Frau sorgt er dafür, dass für die nächste Pflanzphase genügend Setzlinge zur Verfügung stehen.

Paton ist ein kleiner, schmächtiger Mann in gesetztem Alter. Ich habe noch nie einen Menschen mit einer solchen Ausstrahlung getroffen. Aus seinen Augen leuchtet Zufriedenheit, auf seinem gelassenen Gesicht liegt stets ein Lächeln. Paton scheint mit seiner Umgebung in Harmonie zu leben.

Paton in seiner Baumschule

Herzlich begrüßt er mich und die beiden Fairventures-Förster, die mich hierher begleitet haben. Eben, als wir die staubige Straße entlanggefahren sind, war mir noch heiß, aber hier auf Patons Grundstück kühlt das Grün der Bäume. Er hat sich ein kleines Paradies geschaffen. Bei Paton haben es die jungen Bäume gut, denke ich, als ich über das Gelände schlendere und die ganzen Pflanzen mit ihren kleinen Schildern anschaue. Eine Art botanischer Garten mit einheimischen Spezies.

Unter einem Netz, das vor zu direkter Sonneneinstrahlung schützt, ziehen Paton und seine Frau die Setzlinge für die nächste Pflanzphase heran. 25.000 sollen es dieses Jahr werden. Wir laufen über das hügelige Gelände. Weiter hinten wächst Sengon, den die beiden für sich selbst angepflanzt haben.

Paton ist in der Gegend, in der er heute seine Baumschule betreibt, aufgewachsen. Geld spielte in seiner Kindheit und Jugendzeit keine bedeu-

Setzlinge von 1–16 Wochen in der Baumschule

tende Rolle. »Wir haben gefischt, wenn wir hungrig waren. Oder gejagt. Oder wir sind in den Wald gegangen und haben Früchte und essbare Pflanzen gesammelt. Damals gab es hier noch Wald. Geld war nicht nötig.« Genauso wenig wie ein Gedanke an den nächsten Tag. »Es gab ja immer genug von allem.«

Auf dem Gelände der heutigen Baumschule steht schon lange kein Wald mehr. Früher pflanzten Patons Eltern hier Reis an. Anlässlich seiner Hochzeit versprachen sie ihm dieses Landstück, sobald es sich nicht mehr für den Reisanbau eignen würde.

»Als wir das Land bekamen, pflanzten wir darauf Kautschuk. Das Kautschukzapfen war harte Arbeit, aber zum Leben hat es immer gereicht.« So ging es für Paton und seine Familie viele Jahre lang. In der Zwischenzeit war der Wald weit zurückgedrängt worden.

Dann sank der Kautschukpreis. Da nützte auch noch so harte Arbeit nichts mehr. »Jagau kam und schlug mir vor, andere Bäume zu pflanzen. Sengon«, erzählt Paton lachend. »Ich habe nicht so ganz daran geglaubt, dass daraus etwas werden könnte, aber einen Versuch war es wert.«

Der Sengon gedieh gut, und als Paton im nächsten Jahr gefragt wurde, ob er sich vorstellen könnte, seine eigene Baumschule zu eröffnen, sagte er spontan zu. Fairventures organisierte Trainings für ihn und unterstützte ihn bei der Aufzucht der ersten Setzlinge. Seitdem produziert Paton jedes Jahr eine andere Anzahl von Setzlingen für die Bauern in der Umgebung, die am »One Million Trees«-Projekt teilnehmen. Er hat Gefallen an der Arbeit in der Baumschule gefunden und hofft, sie auch über den von Fairventures zugesicherten Projektlaufzeitraum hinaus weiter betreiben zu können.

»Kannst du dir vorstellen, auch andere Setzlinge aufzuziehen, zum Beispiel Ölpalmen?« Die Frage drängt sich mir auf, denn in der Umgebung wird viel Palmöl angebaut, und irgendwoher müssen die Firmen ihre Setzlinge ja bekommen.

»Nein, keine anderen Setzlinge. Vor allem keine Ölpalme.«

Gut, denke ich erleichtert.

»Ölpalmensetzlinge zu produzieren, ist viel zu teuer«, erklärt Paton lachend. Und ich ärgere mich über mich selbst, weil ich es eigentlich besser wissen müsste. Schon wieder bin ich zu sehr von den Vorstellungen ausgegangen, die ich mir in Deutschland von alledem hier gemacht hatte.

»Die Arbeit in der Baumschule ist noch viel anstrengender als damals in der Kautschukplantage«, fährt Paton fort, »jeden Tag müssen meine Frau Hanaritha und ich nach den Setzlingen schauen, sie gießen und zurückschneiden. Es macht aber auch viel mehr Spaß, sich um die kleinen Bäumchen zu kümmern und ihnen beim Wachsen zuzuschauen«, fügt er hinzu.

Ich frage mich, wie Paton so zufrieden sein kann. Sein Umfeld hat sich rasant verändert, nichts ist mehr, wie es war, als er hier aufwuchs.

»Und was erwartest du nach alledem von der Zukunft?«

Gar nicht so viel, wird mir klar. Paton lebt in der Gegenwart. »Er ist in einem Stadium tiefen inneren Friedens angekommen. Ein typischer Geisteszustand für ältere Dayakmänner«, erklärt mir später Yuda, einer der Förster im Projektgebiet.

Eines hat Paton aber für alle Zeit entschieden: Sein Land wird er nie verkaufen.

Suadi – rasender Ratgeber

Als einer von vier Feldkoordinatoren des »One Million Trees«-Programms ist Suadi für 174 Bauern in acht Dörfern verantwortlich. Ausgangspunkt seiner Arbeit ist das Feldbüro in Talaken.

Suadi erwartet uns schon vor dem Feldbüro.[38] Neben ihm steht seine rote Enduro, auf die er nach einer kurzen Begrüßung aufsteigt, um uns vorauszufahren. Das Motorrad ist wichtig für seine Arbeit. »Ich bin immer unterwegs«, erzählt er. Egal, zu welchem Feld oder zu welcher Familie wir in den nächsten Tagen kommen, Suadi ist schon da, hat mit den Leuten geredet und wartet neben seinem Motorrad auf uns.

Suadi unterstützt die Bauern, die an dem »One Million Trees«-Programm teilnehmen. Er zeigt ihnen, wie man Sengon pflanzt, schaut auf den Feldern immer wieder nach dem Rechten, veranstaltet Trainings und verleiht Geräte, die die Arbeit erleichtern. Besonders begehrt sind die motorisierten Freischneider, mit denen das Unkraut bekämpft werden kann. Eine Aufgabe, die mir trotz dieses Geräts immer noch unfassbar mühsam und frustrierend erscheint. Vermutlich könnte Suadi seine

38 Das Feldbüro ist ein Gebäude mitten im Projektgebiet, das Fairventures gemietet hat. Hier kann man arbeiten und auch übernachten, denn das Projektgebiet ist sehr weitläufig.

Tage allein damit füllen, den Projektteilnehmern Freischneider auszuleihen. Verantwortung für 174 Bauern in acht Dörfern zu haben bedeutet, immer unterwegs zu sein. Die einzelnen Felder liegen oft kilometerweit auseinander. Suadi ist eine Art rasender Ratgeber, der die Fäden in seinem Gebiet in der Hand hält.

Suadi

»Die größte Herausforderung ist im Moment, die Leute zu überzeugen, dass sie ihr Land nicht verkaufen, sondern unserem Programm beitreten«, erzählt er. Neben der Betreuung der Bauern, die bereits teilnehmen, versucht er daher auch neue Interessenten zu rekrutieren.

»Ich höre den Leuten zu, erzähle ihnen von unserem Programm und schaue mir die Felder der Interessierten an. Wenn alles gut passt, schlage ich vor, dass sie in der nächsten Pflanzsaison mitmachen. Diese findet dann während der folgenden Regenzeit statt.«

Beim Mittagessen in einem Warung an der Straße – wir essen wieder einmal Nasi Goreng mit viel Chili – erzählt Suadi von seinen täglichen Herausforderungen: »Die Böden in dieser Gegend sind besonders stark degradiert. Einige Bauern sind enttäuscht, weil ihr Sengon hier nicht so gut wächst, wie sie sich das vorgestellt hatten und wie sie es in anderen Gegenden gesehen haben. Jedes Mal, wenn ich bei ihnen vorbeikomme, beschweren sie sich. Aber das liegt nicht am Projekt, das liegt am Boden.«

Suadi lässt sich offenbar von nichts aus der Ruhe bringen. Er wirkt so selbstsicher, dass er jedes überflüssige Wort vermeidet.

»Wie kam es dazu, dass du hier Feldkoordinator geworden bist?«

Das Programm ist ja erst wenige Jahre alt, und einen vergleichbaren Job gab es davor bestimmt nicht.

»Ich war seit der ersten Pflanzsaison mit dabei. Jagau hat mir 2000 Setzlinge anvertraut. Als alles gut lief, schickten sie mich einen Monat zur Ausbildung nach Java. Danach durfte ich hier als Feldkoordinator anfangen.«

Seine Kollegen sagen, Suadi sei einer der Besten und Motiviertesten im ganzen Projektgebiet. Seine Arbeit macht ihm offensichtlich Spaß.

»Das Programm hat richtig Potenzial, gut zu laufen. Jetzt werden unsere Aufgaben größer, und auch unsere Verantwortung wächst. Die Bauern haben uns ihr Vertrauen geschenkt. Wir dürfen sie nicht enttäuschen.«

Sepine – eine bessere Zukunft für die Kinder

Sepine ist seit 2016 Teilnehmerin des »One Million Trees«-Programms. Gemeinsam mit ihrem Mann pflanzt sie Sengon für die Zukunft ihrer Kinder.

Sepine ist die erste Bäuerin, die ich besuche. Ich kann mir nicht so recht vorstellen, was mich erwartet, wie viel ich erklären muss und wie ich überhaupt erklären soll, was ich mache. Dass ich aus Deutschland hierhergekommen bin, um ein Buch zu schreiben, in dem sie vorkommt. Das mag ziemlich seltsam auf sie wirken.

Suadi ist schon da. Ich ziehe meine Schuhe aus und betrete hinter ihm das Haus. Das Barfußgehen gefällt mir gut. Fast überall, wo ich hinkomme, bestehen die Böden aus dunklen Holzdielen, die sich weich und geschmeidig unter den nackten Füßen anfühlen. Auf ihre Sauberkeit wird in den Familien peinlich genau geachtet. Häufig wird mehrmals am Tag gefegt. Alles Wichtige zu Hause findet auf dem Boden statt: Sitzen – Kochen – Essen – Schlafen.

Auch Sepine sitzt mit ihren Kindern, ihrem Mann und der Großmutter auf dem Boden und erwartet uns. Wir trinken süßen Tee und sind alle ein bisschen schüchtern. Sepine hat große, freundliche braune Augen. Als sie erzählt, sprüht sie vor Energie. In ihrer Kindheit lebte die Familie von der Natur. Seitdem hat sich viel verändert, aber entgegen meiner Erwartung findet Sepine nicht, dass sich die Dinge nur zum Schlechten entwickelt haben.

»Heute ist alles einfacher geworden.«

Sie und ihr Mann müssen nicht mehr wie früher kilometerweit in der sengenden Hitze zu ihren Feldern laufen. Sie können bequem mit dem Roller fahren.

»Nur sind manche Leute dadurch ein bisschen zu faul geworden. Und unserer Umwelt haben die Veränderungen nicht gutgetan.«

Bis 2015 bewirtschafteten die beiden eine kleine Gummiplantage. Dann kamen die verheerenden Brände. Auch im Projektgebiet verloren viele Menschen alles, was auf ihren Feldern wuchs. So auch Sepine und ihr Mann. Plötzlich war da statt ihrer Gummiplantage nur noch eine leere, verkohlte Fläche. Ein Cousin hatte Sepine von dem »One Million Trees«-Projekt erzählt. Er hatte bereits Sengon gepflanzt.

»Zur Pflanzsaison 2016 haben wir angefangen. Auf einem Hektar wächst jetzt Sengon. Yuda und Panduh von Fairventures haben uns beigebracht, wie man mit dem Sengon umgeht. Ein Jahr später haben wir Akazie und Jabon gepflanzt. Diese beiden wachsen richtig gut, aber auch mit dem Sengon sind wir zufrieden.«

Sepine lächelt. Während sie redet, krabbelt ihr kleiner Sohn auf ihren Schoß. Sie streichelt ihm den Rücken, während sie weiterredet. Der Kleine lacht und quietscht.

»Der Sengon ist für meine drei Kinder. Wir wollen damit für ihre Bildung bezahlen, damit sie eine gute Zukunft haben.«

Spätestens nach zehn Jahren möchten sie das Holz verkaufen. Bis dahin pflanzen sie Zwischenfrüchte: Vor acht Monaten setzte Sepine die ersten Erdnüsse zwischen den Sengon. Ein Erfolg. Nach der ergiebigen Ernte hat sie einen Teil als Saatgut beiseitegelegt. Inzwischen reift die zweite Generation Erdnüsse heran. Von Zwischenfrüchten hält Sepine viel. Sie verbessern die Bodenqualität. In der Umgebung von Talaken ist dies besonders wichtig, denn die Böden sind hier stark degradiert. Oft wächst außer Farnen, Gräsern und dornigem Unkraut kaum noch etwas. Die Erdnüsse helfen also auch ihrem Sengon.

Ich will wissen, wie sie das Potenzial von Leichtholz einschätzt.

»Vor dem ›One Million Trees‹-Programm wusste ich überhaupt nichts über Leichtholz. Ich bin froh, dass wir jetzt eine weitere Alternative zu Gummi und Palmöl haben. Hoffentlich nimmt uns die Industrie das Holz später auch ab. Das Bäumepflanzen hätte ich auch allein geschafft, aber mit dem Holzmarkt und Marketing kenne ich mich nicht aus. Das wird dann die Aufgabe von Fairventures sein. Sie sind unsere Brücke zum Markt.«

»Bisher wird der Sengon ja vor allem auf Java weiterverarbeitet. Meinst du, das könnte in Zukunft auch hier in Kalimantan passieren?«, frage ich.

»Das wäre toll. Es ist viel motivierender, wenn man etwas mit eigenen Augen sehen kann, als nur davon zu hören. Die Leute hier müssen sehen, dass es möglich ist, Sengon anzupflanzen und weiterzuverarbeiten.«

Dann kommt Sepine auf das Thema zu sprechen, das jeden hier umtreibt, denn die großen grünen Palmen sind allgegenwärtig.

»Im Moment wissen viele nicht, was sie mit ihren Feldern machen sollen. Fairventures muss das Projekt weiter vorantreiben, denn sonst kaufen die Palmölfirmen das ganze Land auf. Man kann nur einmal Ölpalmen auf einem Feld anbauen, danach ist der Boden nicht mehr zu gebrauchen. Man hat hier schon damit angefangen. Direkt neben meinem Feld steht eine Palmölplantage. Die Chemikalien, die dort eingesetzt werden, machen mich nervös. Und es beunruhigt mich auch, dass mein Feld durch die Straße, die die Firma gebaut hat, jetzt so leicht zugänglich ist. Die Leute haben angefangen, bei mir zu klauen.« Zu meinem Erstaunen brechen Sepine und ihr Mann in Gelächter aus.

»Stell dir vor, wir müssen jetzt jeden Tag unsere Felder kontrollieren und auf unsere Erdnüsse aufpassen.«

Die Art, wie Sepine, ihr Mann, die Großmutter und viele andere Dayak mit den Veränderungen umgehen, verblüfft mich immer wieder. Dramatisches steht neben Lustigem, fast ohne Wertung. Sepine erzählt mit einem Lächeln im Gesicht, dass ihr Leben noch vor wenigen Jahren komplett vom Wald abhing. Heute ist der Wald weiter entfernt. Manchmal geht sie mit ihrer Familie trotzdem hin. Dann sammeln sie jungen Bambus und Rattan, beides wichtige Zutaten der traditionellen Dayakküche.

Nun biete ich Sepine und ihren Angehörigen an, die Rollen zu tauschen. Sie sollen fragen, was sie wollen, ich antworte. Nach kurzer Überlegung ergreift Sepine das Wort: »Wovon lebt ihr in Deutschland? Seid ihr auch Bauern?«

Ich erwidere, dass viele aus der Generation meiner Großeltern und Urgroßeltern Kleinbauern waren. Dann erzähle ich vom Strukturwandel und wo wir heute angekommen sind: Die meisten von uns sitzen in Büros und tippen in einen Computer oder telefonieren. Unsere Nahrungsmittel kaufen wir in Supermärkten. Produziert werden sie von einigen wenigen, die riesige Flächen mit großen Maschinen bearbeiten. Viele Kinder wissen nicht, wie die Pflanze zu dem Gemüse auf ihren Tellern aussieht.

Je mehr ich erzähle, desto absurder kommt mir unsere Lebensweise auf einmal vor. Sepine wirkt nicht begeistert. Sie liebt Pflanzen und kann sich ein Leben ohne Kontakt zur Natur nicht vorstellen. Das sagt sie nicht nur so. Ich sehe es daran, wie sie vor ihrem Haus mit einer anmutigen Bewegung nach den Rambutan im Baum greift und uns eine Handvoll der pinkfarbenen stacheligen Früchte für die Fahrt mitgibt.

Rediasi – Wasser, so klar, dass man die Fische sehen konnte

Rediasi ist einer der ersten Teilnehmer des »One Million Trees«-Projekts.

Rediasi überblickt mit seinen 74 Jahren eine Zeitspanne großer Veränderungen in Kalimantan. Sein ganzes Leben hat er als Kleinbauer am gleichen Ort verbracht, aber hier ist nichts mehr, wie es einmal war. Als er jung war, bestand sein Dorf aus einigen wenigen Häusern, umgeben von Wald. Heute ist der Wald verschwunden, und die Häuser haben sich vervielfacht.

»Die Leute gingen jeden Tag auf ihre Felder. Wenn nötig, rodeten wir mit Feuer gemeinsam eine neue Fläche. Zuerst bauten wir Reis an, danach Kautschuk. So haben wir immer auch für die kommenden Generationen vorgesorgt. Unser Besitz war nach dem Adat-Recht geregelt«, erzählt er und tätschelt seinem kleinsten Enkel den Kopf. Als die Kinder sahen, dass ihr Großvater Besuch bekam, hat sich das Haus schnell gefüllt. Und immer noch stoßen Kinder hinzu. Wir trinken

Tee, bei mir ist es bestimmt schon die vierte oder fünfte Tasse, und hören Rediasi zu.

»Das Wasser im Fluss war sauber und klar. So klar, dass man die Fische darin sehen konnte. Seit die Palmölfirmen hier sind, hat sich das Wasser eingetrübt.«

»Wie hat das alles angefangen?«

Rediasi schiebt nachdenklich seine Brille den Nasenrücken hoch. Sie sitzt zu locker und rutscht sofort wieder hinunter.

»In den 1970er-Jahren fing alles an. Damals kamen die ersten Händler aus der Stadt zu uns.«

Von da an ging es schnell. Das vorerst letzte Glied in der Kette dieser Veränderungen waren die Palmölfirmen, die laut Rediasi 2008 auf der Bildfläche erschienen. Ich muss mir immer wieder klarmachen, dass die Dörfer und das Umland vor zehn Jahren noch ganz anders ausgesehen haben. Viel Positives kann Rediasi den Palmölfirmen nicht abgewinnen. Immerhin, räumt er ein, wurden ein paar Leute aus der Gegend als Plantagenarbeiter eingestellt und erhalten einen festen Lohn.

»Doch die Nachteile überwiegen. Wir haben unseren Wald verloren, die Flüsse sind verschmutzt, und es gibt keinen Ort mehr, wo wir noch Wanderfeldbau betreiben dürfen.«

Ich frage, wie die Firmen an ihre Anbauflächen gekommen sind.

»Einige von uns haben ihr Land verkauft. Auch ich habe einen Teil verkauft. Zu einem schlechten Preis. Als Ausgleich hat man mir eine Gewinnbeteiligung versprochen.«

Ab hier wird es für mich kompliziert, die Abmachung, die Rediasi und die Firma getroffen haben, nachzuvollziehen. Ich verstehe es so: Die Gewinnbeteiligung sollte über den niedrigen Kaufpreis hinwegtrösten. Rediasis Problem ist nun, dass der Kaufvertrag rechtsgültig abgeschlossen wurde, die Gewinnbeteiligung dagegen nur ein mündliches

Versprechen war. Auf den Umfang der Ausschüttung hat sich die Firma bisher nicht festgelegt. Seit die Palmen auf seinem ehemaligen Stück Land stehen, hat Rediasi noch kein Geld gesehen. Da er kein Dokument besitzt, in dem diese Gewinnbeteiligung festgehalten ist, stehen seine Chancen schlecht.

Als Jagau und Wolfgang ihm vor ein paar Jahren vorschlugen, Bäume zu pflanzen, statt das Land zu verkaufen, war er sofort bereit, es zu versuchen.

»Endlich eine echte Alternative! Denn so, wie es in den letzten paar Jahren gelaufen war, konnte es für uns nicht weitergehen.«

Wolfgang und Jagau nahmen sich viel Zeit, ihm und den anderen, die mitmachen wollten, ihre Vision zu erklären.

»Sie geben umsonst Setzlinge für unser unbebautes Land aus und unterstützen uns vom Pflanzen bis zur Ernte. Mir haben die beiden und das gesamte Projekt von Anfang an sehr gut gefallen.«

2014 organisierte das Borneo Institute zusammen mit Wolfgang und Panduh die erste Phase des Projekts. Rediasi war mit dabei. Heute kümmert er sich allein um einen Hektar Sengon. Ich stelle es mir unglaublich hart vor, mit 74 Jahren noch auf einem Feld in den Tropen zu arbeiten – unter der heißen Sonne, in der feuchtwarmen Luft und im ewigen Kampf gegen das schnell wachsende Unkraut.

»Ja, das ist es auch«, bestätigt Rediasi, »doch ich kann es mir nicht leisten, jemanden zu bezahlen, der mir hilft. Ich kaufe Dünger und Roundup.«

Roundup ist ein Breitbandherbizid, das unter anderem Glyphosat enthält. Fairventures sieht die Anwendung dieses Mittels aus verständlichen Gründen nicht gerne. Wenn ich mir aber vorstelle, wie der 74-Jährige allein auf seinem Feld steht, kann ich auch Rediasi gut verstehen.

Sarina und Suadi (rechts) bei Kleinbauern zu Gast – Rediasi steht links von Suadi

Ich bin fast 50 Jahre jünger als er und und schwitze schon bei einem Spaziergang durch ein zugewuchertes Feld.

»Wie, glaubst du, geht es mit deinem Sengon weiter, wenn er mal geerntet ist?«, frage ich.

»Ich hoffe, dass Sengon eine Alternative zu Holz aus dem Wald werden kann. Denn es wird immer schwerer, überhaupt noch an Holz zu kommen. Und es darf nicht noch mehr Wald verschwinden. Letztlich geht es um Geld. Sengon muss den Leuten so viel Geld einbringen wie früher das Gummi.«

Ich blicke auf die vielen Kinder. »Was bringst du deinen Enkeln über Landwirtschaft bei?«, möchte ich wissen.

Vielleicht war das die falsche Frage. Der eben noch so optimistische Rediasi erwidert bitter: »Nichts. Wanderfeldbau ist verboten, also gibt es nichts, was ich ihnen beibringen könnte. Sie wissen nicht, wie man mit Feuer ein Stück Land öffnet. Wenn die Entwicklung so weitergeht, glaube ich nicht, dass meinen Enkeln eine gute Zukunft bevorsteht.«

Ich blicke in die Kindergesichter, kann aber nicht erkennen, welche Wirkung diese Bemerkung auf sie hat.

»Meine Kinder haben auch Sengon gepflanzt. Ihr Feld ist direkt neben meinem. Im Moment ist das ›One Million Trees‹-Projekt die einzige Hoffnung für unsere Gegend.«

Subario – alle jungen Leute sollten Bäume pflanzen

Subario hat seit drei Jahren im Rahmen des »One Million Trees«-Projekts während jeder Pflanzsaison Sengon auf seinen Feldern gepflanzt. Jetzt ist er 59 Jahre alt und findet, es ist genug.

Subario ist ein findiger Mann. Er besitzt mehrere Felder, ist Beamter und betreibt einen Gemischtwarenladen von seinem Wohnzimmer aus. Auf dem Boden stapeln sich die Zuckerpackungen, daneben steht eine Pyramide aus Trinkwasserflaschen.

Wir setzen uns auf sein Sofa, und ich bekomme eine Cola. Beides erwähnenswert, weil mir weder Sofa noch Cola besonders oft begegnet sind, seit ich in Kalimantan unterwegs bin und die Menschen in ihren Häusern besuche. Einige Enkel meines Gastgebers sind zum Zuhören vorbeigekommen.

»Wie hast du früher gelebt, Subario? Und was hat sich verändert?«

»Unser Leben war einfach, aber gut. In den letzten Jahren hat sich alles wahnsinnig schnell geändert. Der Wald ist verschwunden, und die Flüsse, aus denen wir früher getrunken haben, sind verschmutzt. Es ist so verrückt, dass wir das Wasser, das an unseren Häusern vorbeifließt, nicht mehr trinken können! Der Fluss ist wegen der ganzen Goldminen verschmutzt. Das liegt daran, dass die Leute das Gold heute nicht mehr von Hand waschen wie früher. Sie verwenden jetzt Maschinen dafür. Und Quecksilber. Außerdem kamen dann auch noch die Firmen.«

Mehr sagt er dazu nicht, aber das ist auch unnötig. Ich habe in den vergangenen Tagen ja schon gesehen und gehört, wie erst die Holzfirmen und dann die Palmölunternehmen die Gegend innerhalb weniger Jahre geprägt haben.

»Was hältst du von den Veränderungen?«, will ich wissen.

»Ich werde traurig, wenn ich darüber nachdenke«, sagt Subario. »Wir haben früher nach sehr guten Werten gelebt. Was zählte, war die Gemeinschaft. Wenn eine Familie ein neues Feld brauchte, haben wir alle bei der Brandrodung geholfen. Allein schafft das keiner. Heute ist von unseren Werten nicht mehr viel übrig. Wer Hilfe bei der Arbeit auf dem Feld braucht, muss seine Nachbarn dafür bezahlen. Immer geht es um Geld. Früher haben sich die Leute mehr umeinander gekümmert.«

Ich bin betroffen über Subarios Worte, denn ich hatte erwartet, in ihm einen Verfechter der Moderne zu treffen. Er scheint sich doch so schnell mit den neuen Entwicklungen zurechtgefunden und das Beste daraus gemacht zu haben. Wir sitzen in seinem voll möblierten Wohnzimmer, er trägt ein gutes Hemd, überall in seinem Haus sieht man Dinge, die andere Dayak liebend gerne kaufen würden. Subario verfügt über mehrere Einkommensquellen und kann seinen Kindern und Enkeln eine gute Ausbildung ermöglichen. Trotzdem sieht er in Schulbildung keinen gleichwertigen Ersatz für das traditionelle Dayakwissen.

»Als ich ein Kind war, haben mir meine Eltern alles beigebracht, was ich wissen musste. Ich aber kann meinen Kindern und Enkeln die wesentlichen Dinge nicht mehr beibringen, weil vieles heute nicht mehr erlaubt ist. Etwa Wanderfeldbau und Bäumefällen. Meinen Kindern und Enkeln bleibt nur, zur Schule und dann auf die Universität zu gehen.«

Er schaut einen Enkel nach dem anderen an. Sie halten Subarios Blick nicht lange stand und starren verlegen auf den Boden. Zwei Jungen klettern aus dem Fenster, kommen aber wenige Minuten später wieder leise zur Tür herein.

»Den Veränderungen und dem, was ›Entwicklung‹ genannt wird, können wir Dayak uns nicht entziehen. Zurück geht es nicht, nur vorwärts. Wir müssen einen Weg finden, um mit den Veränderungen umzugehen.«

»Und wie hast du deinen Weg gefunden?«

»Ich probiere viel aus. Früher hatte ich eine Kautschukplantage, aber der Preis war schon lange im Keller, und als meine Bäume den Bränden von 2015 zum Opfer gefallen waren, fand ich, dass es Zeit für etwas Neues war. Im gleichen Jahr bin ich dem Fairventures-Projekt beigetreten. Ich hatte von Anfang an ein sehr gutes Gefühl dabei. Die Idee gefiel mir und auch, dass die Mitarbeiter von der Organisation regelmäßig hierherkommen und uns unterstützen. Das erste Jahr lief großartig, und so habe ich auch 2016 und 2017 wieder Sengon gepflanzt. Inzwischen habe ich ein zwei Hektar großes Sengonfeld. Bald steht die erste Durchforstung an. Ich werde etwa 400 Bäume fällen, die sich nicht so gut entwickelt haben. Damit die anderen danach mehr Platz haben, sich voll zu entfalten.«

Subarios drei Jahre alter Sengon hat schon einen Stammdurchmesser von 20 bis 30 Zentimetern erreicht. Wenn es so weitergeht, kann er 2020 die ersten Hölzer ernten und verkaufen – zwei Jahre früher als geplant. Sein Feld hat er Fairventures als Test- und Untersuchungsfeld zur Verfügung gestellt. Die Förster der Organisation wollen herausfinden, warum die Bäume hier besser gedeihen als anderswo. Subario glaubt, dass die große Entfernung von der nächsten Palmölplantage ein Grund dafür ist.

Sarina im Gespräch mit Kleinbauer Subario

Trotzdem ist er nicht prinzipiell gegen Palmöl, sondern bleibt bei seinem Grundgedanken, vieles auszuprobieren:

»Ich pflanze nicht nur Sengon. Auf einem meiner anderen Felder stehen Ölpalmen. Ich teste beides und sehe dann ja, was besser funktioniert. Kautschuk habe ich auch noch auf einem Feld.«

»Was ist mit Zwischenfrüchten?«, frage ich. »Wächst auch Gemüse zwischen deinen Sengonbäumen?«

»Nein, das wäre für mich viel zu aufwendig. Ich bin auch so schon mit meinen ganzen Aufgaben sehr beschäftigt und habe niemanden, der mir auf den Feldern regelmäßig hilft. Manchmal bezahle ich Leute für einzelne Arbeiten, aber das war's.«

Wäre er jünger, würde Subario weiterhin jedes Jahr Sengon pflanzen, denn er ist überzeugt, dass der Baum gut für die Umwelt ist. Aber er muss an die Zukunft denken: Bis zur Holzernte dauert es mindestens sieben Jahre, und die Arbeit auf dem Feld fällt ihm zunehmend schwer.

»Mir reicht's. Ich werde langsam alt«, sagt er und lacht. Alt ist nicht das Wort, das ich wählen würde, um Subario zu beschreiben. Auf mich wirkt er sehr zupackend und so, als könnte er sich jederzeit für neue Ideen begeistern. Doch er ist 59 und hat wahrscheinlich recht damit, langsam kürzerzutreten. Auch wenn er selbst keine Setzlinge mehr pflanzt, wird er mit seinem Eifer sicher noch viele andere für Sengon und das »One Million Trees«-Projekt begeistern. Seine Enkel haben unsere Unterhaltung aufmerksam verfolgt.

»Ich sage ihnen immer, dass sie unbedingt Bäume pflanzen sollen. Alle jungen Leute sollten Bäume pflanzen.«

Ludiyanto – Sengon inmitten einer Palmölplantage

Ludiyanto ist 38 Jahre alt und lebt mit seiner Familie in der Nähe von Talaken. 2015 trat er dem »One Million Trees«-Projekt bei.

Ich frage mich, ob der Wächter uns durchlassen wird. Aber als er Ludiyanto im Auto erkennt, grüßt er uns freundlich und öffnet die Schranke. Wir fahren durch eine Ölpalmenlandschaft, wie ich sie in den letzten Wochen schon so oft in Kalimantan gesehen habe. Sie sieht immer gleich aus. Die Plantagen unterscheiden sich höchstens durch den Grad ihrer Instandhaltung und durch die Größe der Palmen. Perfekt angeordnet, gleicher Abstand in alle Richtungen, stehen die Bäume links und rechts des Zufahrtsweges. Das viele Grün scheint das Licht zu schlucken, obwohl die Sonne fast im Zenit steht und keine Wolken zu sehen sind. Es sind nicht die einzelnen Pflanzen, die diesen Orten eine leicht bedrohliche Ausstrahlung geben. Im Gegenteil, die Ölpalme ist meiner Meinung nach sogar ein sehr ästhetischer Baum. Was mir die Plantagen immer et-

Mit Ludiyanto auf dem Weg durch die Palmölplantage zu seinem Feld

was unheimlich vorkommen lässt, ist die schiere Menge an Palmen, ihre Einförmigkeit und die völlige Abwesenheit von Bewegung. Und wohl auch das Wissen, dass auf diesen Flächen früher einmal Wald stand, dass die Böden ausgelaugt sind und dass das alles hier nur mit Unmengen von Dünger und Insektiziden erhalten werden kann.

Suadi steigt von seinem Motorrad ab, und auch wir halten an. Ich sehe noch immer nichts anderes als Ölpalmen. Wir folgen Ludiyanto den staubigen Weg entlang. Er will uns sein Sengonfeld zeigen, hier, inmitten der Palmölplantage. Seine Frau und die beiden Kinder, ein Junge und ein Mädchen im Grundschulalter, sind mitgekommen. Stumm laufen sie neben ihren Eltern her. Fast alle Kinder, die mir in Kalimantan begegnen, sind mir gegenüber schüchtern. Daran habe ich mich bisher noch nicht gewöhnt.

»Da vorne ist es«, sagt Ludiyanto. Und tatsächlich: Hinter der nächsten Kurve taucht zwischen all den Ölpalmen plötzlich ein Sengonfeld auf. Stolz zeigt mir Ludiyanto seine Bäume. Sie sind groß, aber sehr schmal, wenn man bedenkt, dass sie schon drei Jahre alt sind.

»Ob das wohl daran liegt, dass sie hier in der Palmölplantage stehen?«, überlegt Ludiyanto. »Es muss irgendeine Art von Auswirkung auf meinen Sengon haben, aber ich weiß nicht, welche.«

»Verstehst du dich gut mit den Leuten von der Palmölfirma?«, frage ich und erwarte eigentlich ich, dass er Nein sagt.

»Ja, es gibt keine Probleme«, erwidert er stattdessen. »Die Wachen kennen mich. Sie lassen mich immer durchfahren und sind freundlich zu mir.«

Wir setzen uns an den Rand seines Feldes. Die Kinder schleichen um ihre Eltern herum und mustern mich verstohlen.

»Wie war es hier früher?«, frage ich, »Wie bist du aufgewachsen, was hat sich geändert, und was hältst du davon?«

»Heute ist alles komplett anders. Als ich ein Kind war, war das Leben hart. Niemand hatte einen Roller oder ein Auto. Wir mussten überallhin laufen. Strom gab es auch nicht. Heute haben wir eine Straße, eine gute Straße sogar. Wenn wir wollen, können wir in die Stadt fahren. Und wir können für die Firmen arbeiten, die es hier früher nicht gab. Die ganzen Veränderungen haben viele Vorteile, aber auch einige Nachteile.«

»Was zum Beispiel?«

»Früher konnte hier jeder etwas anbauen. Es ging nicht darum, ob man genug Geld dafür hatte oder nicht. Wir brauchten nur den Wald für unseren Wanderfeldbau. Das war alles. Aber früher war hier eben auch noch Wald, der allen gehörte. Dann kamen die Firmen und machten mir und den anderen Leuten aus der Umgebung einen Vorschlag: ›Wie wäre es, wenn wir gemeinsam dieses Waldstück roden? Ihr be-

Ludiyantos dreijährige Sengonbäume

kommt zum Ausgleich gute Flächen, auf denen ihr etwas anbauen könnt, und wir bekommen auch Flächen. So haben wir alle etwas davon.‹ Darauf einigten wir uns. Ich und die anderen Bauern hatten nun Felder hier. Am Anfang war die Grenze zu der Palmölplantage weit weg. Aber dann ging es los: Meine Nachbarn und Freunde verkauften ihr Land an die Palmölfirma, und die Plantage kam immer näher. Bis irgendwann nur noch mein Feld übrig war. ›Willst du nicht verkaufen?‹, werde ich ständig gefragt. ›Wir machen dir ein gutes Angebot.‹ Aber ich will nicht. Das Palmöl ist so schlecht für die Umwelt. Das ist das größte Problem daran. Heute können wir das Wasser aus unseren Flüssen nicht mehr trinken.«

Ich höre nicht zum ersten Mal auf meiner Reise, dass nicht nur Quecksilber, sondern auch die Chemikalien, die in den Palmölplantagen für Düngung und Schädlingsbekämpfung eingesetzt werden, das Wasser vergiftet haben. Um das zu verhindern, gibt es eigentlich einen

Ludiyanto mit seiner Familie

gesetzlich definierten Mindestabstand zwischen Plantage und Fluss. Der wird aber oft nicht eingehalten.

»Wie kam es dazu, dass du dich entschieden hast, an dem ›One Million Trees‹-Programm teilzunehmen und Sengon zu pflanzen?«, frage ich.

»Bis 2015 standen Kautschukbäume auf meinem Feld. Doch die Brände von 2015 haben alles vernichtet. Kautschuk wollte ich nicht noch einmal anbauen, weil die Preise dafür so schlecht waren. Dann schlug Fairventures mir vor, Sengon zu pflanzen. Ich wollte etwas Neues ausprobieren, und die Idee klang gut, also machte ich mit. Ich bekam die Setzlinge und lernte, wie man sich um Sengon kümmert. Suadi kommt öfter vorbei, schaut, wie es läuft, und hilft mir, wenn ich Fragen habe. Am Anfang wuchsen die Bäume schnell, nun geht es etwas langsamer. Ich hoffe, dass wir in ein paar Jahren das erste Holz ernten können.«

Kapitel 18

Der millionste Baum und ein Blick in die Zukunft

Während ich zu Hause in Stuttgart sitze und schreibe, frage ich mich, wie es wohl meinen Protagonisten geht. Mein Aufenthalt auf Borneo ist inzwischen sieben Monate her. Sieben Monate sind in Deutschland nichts. An einem Ort wie Kalimantan, wo sich alles so rasant verändert, ist das jedoch eine lange Zeit. Wer weiß, ob Aja und seine Kollegen noch Gold aus dem Fluss holen oder ob sie schon auf der Suche nach Alternativen sind. Vielleicht sind die Preise für Vogelnester inzwischen so rapide gesunken, dass manche halb fertigen Türme gar nicht zu Ende gebaut wurden.

Wie hat sich der Sengon auf den Feldern entwickelt, die ich besucht habe? Hat Sepine ihre Erdnüsse schon geerntet, und welche Zwischenfrüchte plant sie für die nächste Saison? Gibt es Hendras Wald noch? Wer hat sich seit meiner Abreise dem »One Million Trees«-Projekt angeschlossen?

Ich weiß, dass Paton seine Baumschule geschlossen hat. Er ist sozusagen in Rente gegangen, auch wenn man sich darunter in Kalimantan vermutlich etwas anderes vorstellen muss als hier. Subario habe ich in einem Video wiedergesehen: Der Mann, der immer gerne Neues ausprobiert, testet eine von Fairventures entwickelte App, mit der er den Wert seines Sengons und den optimalen Fällzeitpunkt prognostizieren kann. Der Kleinunternehmer und Liebhaber des Waldes vermisst begeistert seine Bäume.

Was bringt es, nur das Verlorene zu betrauern? Es muss weitergehen. Kalimantan ist wie ein großer Organismus. Rasend schnell sterben alte Zellen ab, und neue bilden sich. Ein Wandel, der beängstigend, aber auch aufregend sein kann. Besser, man gibt der Zukunft eine Richtung. Veränderung ist Chance. Wie komplex die Zusammenhänge und wie vielfältig die Herausforderungen sind, habe ich gesehen. Kein Grund, es nicht trotzdem zu versuchen. Auch weil es dazu gar keine Alternative gibt.

Die Idee des »One Million Trees«-Projekts war, über fünf Jahre im Kleinen zu zeigen, was im Großen möglich sein kann. Großflächige Aufforstung ist schwierig, denn es gibt noch viele unbekannte Faktoren und relativ wenig Vorwissen oder Forschungsarbeiten, die spezifisch genug sind, um sie in Kalimantan anzuwenden. Deswegen hat Fairventures versucht, mit dem Projekt eine Wissensbasis zu schaffen. Es wurden starke Verbindungen zu den Gemeinden vor Ort, zur Regierung und zu allen möglichen Projektpartnern aufgebaut. Dayakkleinbauern wurden in einer neuen, hoffentlich zukunftsträchtigen Form der Forst- und Landwirtschaft ausgebildet.

Ende 2019 soll der eine millionste Baum gepflanzt werden. Ein großer Erfolg für das Projekt. Doch im Verhältnis zur Gesamtfläche Borneos und der Herausforderung, die die fortschreitende Entwaldung mit sich bringt, sind eine Million Bäume fast nichts.

Dass Aufforstung einen nennenswerten Beitrag zum Klimaschutz leisten und die Erderwärmung deutlich verlangsamen kann, hat die 2019 erschienene Studie der ETH Zürich eindrucksvoll gezeigt.[39] Doch für eine wirklich großflächige Aufforstung in Kalimantan müssen grö-

39 Siehe www.science.sciencemag.org/content/365/6448/76.

ßere Herausforderungen gemeistert werden: Es braucht sichere Landtitel, eine noch bessere Zusammenarbeit mit der Bevölkerung vor Ort und den Behörden, eine flächendeckendere Bildung zum Thema Agroforst sowie eine Industrie und Infrastruktur, die eine wirtschaftliche Weiterverarbeitung des Leichtholzes in Kalimantan ermöglichen.

Außerdem muss unbedingt vermieden werden, dass sich Sengon zu einem Entwaldungstreiber entwickelt, wenn in ein paar Jahren der Preis und die Infrastruktur vor Ort zufriedenstellend sind. Das wird voraussichtlich nur durch digitale Lösungen und eine gute, satellitengestützte Überwachung zu verhindern sein.

Um das bisherige Modell wirklich skalieren zu können, muss die Lücke zwischen Wirtschaft und NGOs nochmals ein gutes Stück weiter verringert werden. Davon ist Fairventures überzeugt. In den kommenden Jahren will man es mit einem sozialwirtschaftlichen Modell versuchen. Dafür wurde ein Sozialunternehmen gegründet – die Fairventures Social Forestry GmbH. Die Idee ist, nicht nur die Kleinbauern bei der Aufforstung ihrer Flächen zu unterstützen, sondern auch eine großflächigere Aufforstung auf sogenannten Social-Forestry-Flächen voranzutreiben. Dabei handelt es sich um Flächen, die einer Gemeinde von der Regierung wieder zur Nutzung zur Verfügung gestellt werden. Eine noch relativ neue Entwicklung und immerhin eine Antwort auf die verfahrene Landrechtssituation in Kalimantan. Damit die Dayak und die Natur profitieren und das Ganze schnell genug geht, wagt sich das neu gegründete Sozialunternehmen auf bisher unbekanntes Territorium: Die Bewirtschaftung dieser 4000 Hektar soll gemeinsam mit Investoren verwirklicht werden, die später auch am Gewinn des Holzverkaufs beteiligt werden. Es braucht Menschen, die hinter dieser Vision stehen und bereit sind, Geld zur Verfügung zu stellen – auch ohne schon ganz genau zu wissen, wie sich das Projekt entwickeln wird. Das Ziel ist auf alle Fälle, im ursprünglichen Sinne des Wortes »nachhaltig« zu wirtschaften und scheinbar unüberwindbare Gegensätze noch weiter aufzulösen.

Meine Herausforderung beim Schreiben dieses Buches bestand darin, das, was ich gesehen, erlebt und gelernt habe, zu bündeln. Es begreiflich zu machen, ohne dabei meine Kompetenzen als interessierte Nichtexpertin zu überschreiten. Für alles andere gibt es Fachbücher. Vielleicht ist nach der Lektüre dieses Buches die Hürde, zu einer Fachpublikation zu greifen, ja sogar ein bisschen kleiner geworden. Ich hoffe, ich konnte die Vielfalt des Lebens in Kalimantan veranschaulichen und zeigen, dass die Lage kompliziert, aber nicht ausweglos ist. Und ich hoffe, dass die Menschen, die dort leben, für die Leser dieses Buches ein Gesicht bekommen haben.

Danksagung

Dieses Buch gäbe es nicht ohne euch.

Ihr habt mich ermutigt zu schreiben. Ihr habt an dieses Projekt geglaubt. Ihr wart bereit, es zu versuchen und mir zu vertrauen. Ihr habt mir geholfen, die Reise nach Kalimantan zu organisieren. Ihr habt mich dort begleitet und eure Häuser für mich geöffnet und mir eure Geschichten erzählt.

Ihr habt mir Zeit gegeben und wart nachsichtig mit mir. Ihr habt euer Wissen mit mir geteilt. Ihr habt gelesen, inhaltliche Anmerkungen gemacht und dabei geholfen, zu sortieren und auszusortieren. Ihr habt das Buch unterstützt – finanziell und auch mit eurer Begeisterung.

Danke euch allen. Das hier ist ein Gemeinschaftsprojekt.

Über die Autorin

Sarina Albeck arbeitet seit ihrem Rhetorikstudium in der Unternehmenskommunikation. Dort ist sie einem Thema begegnet, das sie nicht mehr loslässt: Sie möchte die massenhafte Rodung des Regenwalds und den aggressiven Flächenhandel auf Borneo ins öffentliche Interesse rücken. Dafür ist sie selbst dorthin gereist und hat beobachtet, wie die rasante Entwaldung die Landschaft und das Leben der Menschen verändert.

Bildnachweise

© Christoph Krackhardt:
Seiten 93, 94, 119, 135, 141

© Fairventures Worldwide:
Seiten 11, 45, 46, 47, 48, 58, 66, 67, 68, 89, 91, 110, 128, 147, 148

© Forschungsarchiv Mission Basel:
Seiten 23, 24, 25, 28

© Johannes Schwegler:
Seiten 31, 33, 35, 36, 83

© Roberto-Fabio Nobile:
Seite 174

© Sarina Albeck:
Seiten 62, 77, 96, 101, 103, 120, 121, 143, 145, 151, 159, 163, 165, 167, 168